500 Años del Pueblo Chicano
500 Years of Chicano History in Pictures

Elizabeth Martínez, Editor

500 Years of Oppression, 500 Years of Struggle

Published by • Editado por
SouthWest Organizing Project (SWOP)
Albuquerque, New Mexico

To the many, many people who helped to make this book happen—our warmest thanks. This includes those who provided photographs or information about how to obtain them, helped collect background information, translated the text, did proofreading, typeset corrections, worked on fundraising, and provided housing to out-of-town workers.

We especially thank The Center for Regional Studies, University of New Mexico, Albuquerque, and Bread for the Journey in Santa Fe, N.M. for their financial support.

•

A las/los compas que ayudaron a realizar este libro—nuestras muy sinceras gracias. Aquí se incluyen las tantas personas que proporcionaron fotografías o información en como obtenerlas, ayudaron con información sobre las fotografías, tradujeron el texto, corrigieron letras de imprenta, prepararon correcciones tipográficas, trabajaron en la recolección de finanzas y proporcionaron alojamiento.

Agradecemos especialmente al Centro de Estudios Regionales, Universidad de Nuevo México y a Bread for The Journey de Santa Fe, N.M. por el apoyo financiero.

• • •

This bilingual book was first published by the Chicano Communications Center of Albuquerque, N.M. in 1976 as *450 Years of Chicano History in Pictures/450 Años del Pueblo Chicano*. Among those who worked or assisted on that edition were Susana Fuentes, Cecilia Fuentes García, Marvin García, Joaquín Luján, Nita Luna, Betita Martínez as editor, Ruth and Dr. Manuel G. Martínez as translators, Richard Moore on distribution, Susan Seymour, and Romelia Escamilla Silva. That edition went out of print in a few months. In 1979, Florencia Publications of Florencia (Loving), N.M. had the book republished; their edition also went out of print.

This updated and expanded edition contains the original book with small corrections as well as a revised Introduction and 64 new pages of photographs from the years 1976-91. (The 1994 second printing of this expanded edition contains a few additional corrections and new photos.) It was prepared by the editor, Elizabeth (Betita) Martínez, together with Sofía Martínez, SWOP project coordinator, and assistant researcher Ruth Contreras; Roberto Roibal on production; and Secundino Guzmán on translation. Original cover design and special pages by Rini Templeton (1935-1986). *Rini Templeton, ¡presente!*

•

Este libro bilingüe fue publicado por primera vez en 1976 por el Centro Chicano de Comunicaciones de Albuquerque, N.M. como *450 Years of Chicano History in Pictures/450 Años del Pueblo Chicano*. Entre las personas que trabajaron o ayudaron en esa edición están Susana Fuentes, Cecilia Fuentes García, Marvin García, Joaquín Luján, Nita Luna, Betita Martínez como editora, Ruth y Dr. Manuel G. Martínez como traductores, Richard Moore en distribución, Susan Seymour, y Romelia Escamilla Silva. En unos pocos meses el libro se agotó. En 1979, Florencia Publications de Florencia (Loving), N.M. re-publicó el libro; esa edición también se agotó.

Esta edición consiste en el libro original con pequeñas correcciones, una nueva versión de la introducción, y 64 páginas adicionales para cubrir los años 1976-91. (La segunda imprenta de 1994 de esta edición revisada contiene correcciones adicionales y nuevas fotografías.) Este ha sido preparado por la editora Elizabeth (Betita) Martínez junto con Sofía Martínez, coordinadora por parte de SWOP; Ruth Contreras, asistente de investigación; Roberto Roibal, producción; y Secundino Guzmán, traducción. Diseño del cubierto original y páginas especiales por Rini Templeton (1935-1986). *Rini Templeton, ¡presente!*

CONTENTS • ÍNDICE

In memory of César Chávez, 1927-1993. ¡Presente!

De las luchas pasadas del pueblo
nació este libro.
A las luchas futuras del pueblo,
se dedica este libro.

Con toda la Raza
con todo el trabajador y el pobre
con todos que aman la humanidad
y este lindo planeta,
nos juntamos en una visión
de pan y paz,
de un mañana libre
de alcanzar la primavera.

Es tuyo el camino, pueblo.

From the past struggles of the people,
this book was born.
To the future struggles of the people,
this book is dedicated.

With all of the Raza
with poor and working people everywhere
with all who love humanity
and this beautiful planet,
we join in a vision
of bread and peace
of a free tomorrow
of arriving at springtime.

The road is yours, people.

Introducción

En 1992 y en los años venideros, recordaremos que nuestra tierra no fue "descubierta" hace cinco siglos por Colón. Los occidentales no trajeron la "civilización" a nuestros antepasados como lo cuentan. Europa no introdujo "libertad" y "democracia" a tales-llamados salvajes.

Este libro se publica en respuesta a la celebración del aniversario quincentenario de la llegada de Colón, y sus mentiras. Hace 15 años se publicó la primera edición en respuesta a la celebración del bi-centenario de la Revolución Americana de 1976, y sus mentiras. Hoy, como antes, ofrecemos un libro que relate la historia verdadera de la Raza y otras verdades tan negadas.

Este libro también pregunta: ¿Después de 500 años, que los chicanos, mexicano americanos, mexicanos, Raza, o como nos llamen, tenemos algo que celebrar?

Nuestra respuesta es ¡Sí!: tenemos bastante que celebrar.

Podemos celebrar la sobrevivencia de nuestro pueblo y sus expresiones culturales importantes.

Podemos celebrar nuestra resistencia a la colonización por los imperialistas racistas.

Podemos celebrar nuestra resistencia a la explotación y el abuso al que fuimos sometidos como trabajadores y gente pobre.

Podemos celebrar la fuerza de la mujer, quienes enfrentaron no solamente pobreza y racismo pero también discriminación y opresión por el hecho de ser mujeres.

Podemos celebrar a nuestros viejitos, nuestros ancianos, quienes nos han mostrado tremendo amor cultural y un gran espíritu combatiente.

Podemos celebrar nuestros hijos e hijas quienes representan nuestro futuro.

Es así que este libro habla con dolor y con verdad amarga, pero también con alegría y orgullo.

Podemos celebrar, debemos celebrar, nuestra historia y las grandes historias de luchas de la humanidad, no 500 años de robo y racismo.

Nuestro origen como pueblo data a los tiempos del México de sociedades reconocidas por su esplendor artístico y arquitectónico, una creencia de armonía con el medio ambiente, y maravillas científicas. Era una tierra de culturas antiguas que prohibía hambres y destituciones.

Introduction

In 1992 and the years to follow, we should recall that five centuries ago our homeland was not "discovered" by Columbus. Westerners did not bring "civilization" to our ancestors, as we are told. Europe did not introduce so-called savages to "freedom" and "democracy."

This book is published now in response to the Quincentennial celebration of Columbus's arrival and its lies. The first edition was published 15 years ago in response to the Bicentennial celebration of the 1776 American Revolution, and its lies. Now, as then, we offer a book that tells the real story of La Raza and other truths so long denied.

This book also asks a question: after 500 years do Chicanos, Mexican Americans, mexicanos, Raza, whatever we call ourselves, have anything to celebrate?

Our answer is yes: we have much to celebrate.

We can celebrate the survival of our people as well as important expressions of our culture.

We can celebrate our resistance to being colonized and absorbed by racist empire-builders.

We can celebrate our resistance to being exploited and abused as workers and poor people.

We can celebrate the strength of Raza women, who face not only poverty and racism but also discrimination and oppression as women.

We can celebrate our viejitos, our elders, who have shown great love of the culture and fighting spirit.

We can celebrate our beautiful m'ijas and m'ijos, our children, our future.

And so this book speaks with grief and bitter truth but also joy and pride. We can celebrate, we should celebrate, not 500 years of rip-offs and racism but our story and all of humanity's great stories of struggle.

Our birth as a people goes back to the time when Mexico was home to societies noted for splendid art and architecture, a belief in environmental harmony, and scientific wonders. It was a land of ancient cultures that prohibited anyone going hungry or homeless. The idea of land as private property did not exist; how could you buy or sell the mother of life? People respected cooperation—not competition. Such were the communal, spiritual values of indigenous people up and down this continent.

La tierra no se conceptualizaba como propiedad privada; ¿Cómo es posible comprar y vender a la madre de la vida? Se respetaba la cooperación no la competición. Tales eran los valores comunales y espirituales de muchos pueblos indígenas de todo el continente.

A México llegó el español, hambriento por el oro. La heroica resistencia dirigida por Cuauhtemoc no paró la invasión. Millones de indígenas murieron bajo el fuego español y enfermedades europeas. Después perecieron trabajando excesivamente en las minas, campos, molinos y talleres. Muchas veces rehusaban trabajar, seguido se revelaban, y a veces preferían el suicidio que la esclavización.

La conquista de 1521 también creó pueblos nuevos de los hijos de mujeres indígenas y hombres españoles, al igual que los 100,000 a 200,000 esclavos africanos transportados a México al comienzo del mismo siglo. Esa mezcla, eso mestizo somos nosotros: nacidos del rapto y la destrucción, nacidos en tiempo de hambre y angustia.

Desde México, España mandó expediciones hacia el norte lo que hoy es el suroeste de los Estados Unidos, en ese entonces tierra de tribus y naciones indígenas. Hubo va-rias veces que los nativos enseñaron a los invasores a so-brevivir lo duro del suroeste; pero la mayoría resistió ferózmente. Ellos y los mestizos, incluyendo a los mulatos, fácil sobrepasaban la población de blancos en todo lugar. Por ejemplo, de los más o menos 20 fundadores de Los Angeles solo dos eran españoles. Lo indígena prevaleció en muchos aspectos de la vida cotidiana del mestizo, desde el respeto a la naturaleza hasta lo que comemos. Esas costumbres indígenas hoy forman parte de nuestra identidad.

Desde el origen de los E.E.U.U., sus gobernantes habían soñado en expanderse a través del continente. Al fin detectaron su oportunidad. El suroeste ya formaba parte de la reciente nación mexicana, debilitada por la larga guerra de independencia contra España en 1810-1821. Ofrecía acceso a nuevos mercados, materias primas y mano de obra barata. Cultivadores sureños lo vieron como tierra nueva para poner a los esclavos a sembrar algodón (México ya había abolido la esclavitud.)

Bajo truco y por la fuerza los invasores anglos tomaron posesión de Texas. Deliberadamente provocaron la guerra con México en 1846-48. La invasión cesó con el tratado de Guadalupe Hidalgo, el que otorgó a los Estados Unidos todo California, Nuevo México, Texas, la mayor parte de Arizona, grandes partes de Nevada, Utah y Colorado, y una parte de Wyoming. Las fuerzas estadounidenses trataron a los mexicanos como una raza inferior conquistada.

Desde esos años en adelante, la resistencia de la Raza sigue en pie y ese es el mensaje de este libro. En los comienzos de los 60s fuimos parte del movimiento masivo que se extendió globalmente, desde Los Angeles a Paris a Tokyo. Aquí en los Estados Unidos, los primeros en arrojarse a las calles contra los mismos enemigos nuestros fueron los africano americanos. Estudiantes radicales blancos

To Mexico came el español, hungry for gold. The heroic resistance led by Aztec ruler Cuauhtemoc could not stop that invasion. Millions of the indigenous were killed by Spanish firearms and European diseases. Later they died from overwork in the mines, on the land, in the mills and workshops. Often they refused to work, often they revolted, and at times they chose suicide over enslavement.

The Spanish Conquest of 1521 also brought a new people into being—children of Indian women and Spanish men, as well as of the 100,000 to 200,000 enslaved Africans transported to Mexico beginning in the same century. That mixture, that mestizo, is us: born from rape and destruction, born in a time of hunger and anguish.

From Mexico, Spain sent expeditions to what is now the southwest United States—then a land of indigenous tribes and nations. Sometimes the native people enabled the invaders to survive life in the harsh Southwest; more often they resisted fiercely. They and the mestizos, along with mulattoes, far outnumbered whites everywhere. Among the 20-odd founders of Los Angeles, California, for example, only two were Spaniards. Native American ways defined many aspects of mestizo daily life, from respect for Nature to the foods we ate, and form part of our identity today.

Ever since the birth of the U.S., its rulers had dreamed of expanding across the continent. Now they saw their chance. The new Mexican nation was weakened by its long war for independence from Spain in 1810-21. Its territory offered access to new markets, raw materials, and cheap labor. Southern planters saw it as new land to have cotton grown by slaves (Mexico itself had already abolished slavery).

So the Anglo expansionists first took over Texas by deception and force. Then they deliberately provoked the war on Mexico of 1846-48. That invasion ended with the

empezaron a oponerse a la guerra contra Vietnam y al sistema impulsado por las ganancias que domina a nuestra sociedad. El movimiento de las mujeres retó las relaciones básicas del poder. Y los chicanos comenzaron un nuevo movimiento militante de liberación, como lo hicieron los puertorriqueños, los asiático americanos y los indígenas.

Como en otros movimientos, el nuestro presenció un alto nivel de auto afirmación: ¡"Soy orgulloso de ser chicano"! Con estos gritos, nuestras mentes fueron liberadas de años de "lavarnos el cerebro", sin el conocimiento de nuestra historia y cultura, odiándonos y odiando nuestro lenguaje, queriendo ser blancos. Rechazando esa mentalidad colonizada, nos afirmamos como pueblo, afirmamos nuestra identidad. Se fundaron organizaciones chicanas de trabajadores, de pobres y desplazados, jóvenes callejeros, estudiantes, y familias por todos los rumbos. Con la nueva conciencia floreció el arte, teatro, y publicaciones chicanas.

Chicanas empezaron a demandar que se les trataran como seres humanos completas y que no se les limitara a los papeles de novia, esposa, y madre. La mayoría de nosotras insistimos que nuestra lucha no era contra los hombres; tenía que ser con ellos contra nuestros enemigos comunes, el racismo y la pobreza. Pero rechazamos los estereotipos degradables, toda la opresión de nuestras mentes y nuestros cuerpos por el poder de la supremacía masculina. No era posible hablar de la auto-determinación para La Raza sin que se incluyera la auto-determinación de las mujeres.

Para 1970 unos activistas empezaron a ver más allá de nuestros barrios y nuestro nacionalismo, para realizar que requeríamos más que chicanismo. Existían otros pueblos oprimidos a los que llamábamos "Tercer Mundo". En los Estados Unidos trabajamos en formar alianzas con los indígenas, los puertorriqueños, y los africano americanos. Algunos viajamos a países menos desarrollados y especialmente nos inspiraba la revolución Cubana contra el rico, contra la dominación estadounidense. Vimos que la guerra contra Vietnam beneficiaba solo a los ricos y poderosos, quienes utilizaban la "amenaza comunista" para forzar a nuestra juventud a pelear y morir.

Vimos que el enemigo no era simplemente el gringo sino un sistema que dictaba como se debía organizar la sociedad estadounidense. Capitalismo, imperialismo, socialismo; ideas como esas formaron parte de nuestro vocabulario junto con racismo. Logramos ver como esta sociedad se dividía en clases, no nada más en divisiones de color. La mayoría de La Raza y otro pueblos tercermundistas se encuentran en la clase trabajadora pero también muchos anglos. Se requería unir a todos, de la misma manera para formar un solo puño, juntamos los dedos.

Pero existían muchos problemas en lograr esto, aunque hubiésemos estado todos de acuerdo en la meta lo cual no lo estábamos. Aunque queda por escribirse un análisis

Treaty of Guadalupe Hidalgo, which gave the U.S. all of California, New Mexico, Texas, most of Arizona, large parts of Nevada, Utah and Colorado, and a piece of Wyoming. U.S. forces treated the mexicanos living there as a conquered, inferior race.

Since then, Raza resistance has never died—and that is the message of this book. In the early 1960s we became part of a great wave of mass movements that swept the world, from Los Angeles to Paris to Tokyo. Here in the U.S. great numbers of African-Americans first took to the streets against the same enemies as ours. Radical white students began to oppose the Vietnam war and the profit-driven system that dominates our society. A women's movement challenged the most basic power relations. And Chicanos began a militant, new liberation movement, as did Puerto Ricans, Asian Americans and Native Americans.

As in other movements, ours reached a high tide of self-affirmation: "I'm proud to be Chicano!" Con estos gritos, our minds were liberated from years of brain-washing, not knowing our own history and culture, hating ourselves and our language, wanting to be white. Rejecting that colonized mentality, we asserted our own identity. Chicano organizations formed everywhere—workers, the poor, unemployed, street youth, students, and families. Chicano publications, art and theater flowered with new consciousness.

Chicanas began to demand that they be treated as full human beings and not limited to the roles of girlfriend, wife, mother. Most of us said that our struggle could not be against Raza men; it had to be with them, against the common enemies of racism and poverty. But we rejected the degrading stereotypes, all the oppression of our minds and bodies by the forces of male supremacy. One could not speak of self-determination for Raza unless it included self-determination for women.

By 1970 some activists had begun to look beyond our own barrios and nationalism, to realize we needed more than Chicanismo. There were other oppressed people of color whom we called "Third World." In the U.S. we worked on forming alliances with Native Americans, Puerto Ricans, and African Americans. Some of us traveled to less developed countries and were especially inspired by the Cuban revolution against the rich, against U.S. domination. We saw that the Vietnam war benefited no one except the rich and powerful, who used "the Communist threat" to make our youth fight and die.

We saw that the enemy wasn't simply the gringo but a system that dictated how U.S. society should be organized. Capitalismo, imperialismo, socialismo—ideas like that came into our vocabulary along with racismo. We could see how this society is divided into classes, not just along color lines. Most Raza and other "Third World" people were found in the poor and working classes, but also many Anglos. Somehow we needed to unite everyone, like fingers forming a single fist.

completo de los problemas de nuestro movimiento aquí podemos sugerir algunos de ellos.

Primero, nuestras organizaciones se desarrollaron espontáneamente y pocas contaban con una estrategia a largo plazo. Seguramente teníamos compromiso y valor. Seguramente teníamos conceptos organizativos prometedores, como un partido de alternativa electoral (La Raza Unida), unidad transnacional de la clase trabajadora (CASA, Centro de Acción Social Autónomo), organizando familias (La Cruzada por la Justicia), y desarrollando una red de comunicaciones (Asociación de Prensa Chicano). Ganamos verdaderas victorias. Pero nunca desarrollamos una visión efectiva de cambio social en que apreciara la identidad, evitando las trampas del nacionalismo estrecho. Y demasiadas veces el romanticismo revolucionario se substituyó por estrategia.

Tuvimos gran dificultad en sobreponernos a divisiones especialmente las de clase y la competición entre organizaciones creció abundamente. Tuvimos dificultad en desarrollar estructuras democráticas. En vez de ver la crítica como instrumento para el fortalecimiento, la evitamos como una expresión de hostilidad personal. Nuestro significado de líder se reducía al complejo de héroe, una glorificación de individuos a quienes casi nunca se les obligaba a rendir cuentas y los cuales fueron atrapados por la política de celebridad de los medios de comunicaciones.

Esos individuos glorificados casi siempre eran hombres, hombres heterosexual, y esto nos lleva a otra profunda debilidad del movimiento. Nuestro nacionalismo casi siempre significó estructuras dominadas por hombres. Hicimos poco progreso contra dos fuerzas enemigas: la sofocante degradación de las chicanas y el odio a homosexuales por razones de miedo, la homofobia. Esos enemigos eran y son inhumanos de manera que debemos de reconocer inmediatamente. Hemos visto como las horrorosas realidades del racismo anglo niega a nuestro pueblo sus derechos humanos y aplasta las esperanzas de nuestros niños. ¿Cómo podemos tolerar ese horror similar en nosotros?

Debilidades internas como estas fueron una de las razones de que nuestro movimiento al igual que otros movimientos de los 60s, declinó severamente a 1975.

Otra razón del desplomo de los movimientos fue la represión: el asesinato y la persecución de activistas, la infiltración a grupos militantes, y otras acciones del estado diseñadas con la intención de debilitarnos. Para los chicanos, los asesinatos de Antonio Cordova, Rito Canales, Luis Martínez, y tres chicanos en el Moratorio de 1970, y el encarcelamiento de Reies López Tijerina son solo unos pocos ejemplos.

Sobre todo, los tiempos habían cambiado para 1975. En los Estados Unidos se vino una prolongada crisis económica después de la guerra contra Vietnam. El desempleo junto con la inflación subió bruscamente. Los fondos federales

But there were many problems in doing this, even if we had all agreed on the goal—which we didn't. A full analysis of our movimiento's problems has yet to be written but we can suggest some of them here.

For one, our organizations had developed in a very spontaneous way and few if any possessed a long-range strategy. We surely had commitment and courage. We surely had promising organizational concepts, such as an alternative electoral party (La Raza Unida), transnational working class unity (CASA, Centro de Acción Social Autónomo), organizing families (Crusade for Justice) and building a communications network (Chicano Press Association). We won some real victories. But we never developed an effective vision for social change that appreciated identity while avoiding the traps of narrow nationalism. And too often revolutionary romanticism substituted for strategy.

We had great trouble overcoming divisions—especially along class lines—and competition between organizations grew like weeds. We had difficulty creating democratic structures. Instead of seeing criticism as a potential tool for growth, we avoided it as an expression of personal hostility. Our definition of leadership usually translated into a hero-complex, a glorification of individuals who were almost never held accountable and who often became entrapped by the mass media's celebrity politics.

Those glorified individuals were usually men, straight men, and this brings us to another, profound weakness of the movimiento. Our nationalism usually meant male-dominated structures. We made little progress against two enemy forces: the suffocating devaluation of Chicanas and the fear-ridden hatred of homosexuals, homophobia. Those two enemies held back our struggle more than we may ever know. Those enemies were—and are—inhuman in ways we should recognize at once. We have seen how the ugly realities of Anglo racism deny our people their human rights and smash our children's hopes. How could we tolerate a similar kind of ugliness in ourselves?

Internal weaknesses like these were one reason that our movimiento had declined sharply by 1975. We were not alone in our problems; all the other mass movements of the 60s also experienced them, to one degree or another.

Another reason for the decline of the movements was repression: the killing or persecution of activists, the infiltration of militant groups, and other state actions designed to cripple us. For Chicanos the assassination of Antonio Cordova, Rito Canales, Luis Martínez, and three Chicanos at the 1970 Moratorium, and the imprisonment of Reies López Tijerina, are just a few examples.

Above all, times had changed by 1975. In the U.S. a prolonged economic crisis took hold after the Vietnam war. The federal funds that had been available for social welfare programs in the prosperous 60s dried up. Even if the funds existed, rightwing forces that had long been strategizing how to turn the clock back now attacked the

dirigidos durante la prosperidad de los 60s a programas de beneficio social se agotaron. Aunque hubiesen existido los fondos, fuerzas de la derecha que por largo tiempo venían desarrollando estrategias de como ganar lo que habían perdido empezaron atacar los programas sociales. Atacaron las victorias de los 60s como programas de Estudios Étnicos y Acción Afirmativa. Al mismo tiempo, muchos chicanos subieron de escala a la clase media con la ayuda de esos programas: tenían interés en elevar su nivel de vida y poco en retar el estatus quo.

Cuando Ronald Reagan llegó a ser el presidente en 1980, la derecha se atrincheró en el centro de la pólitica de los Estados Unidos donde se ha quedado. Racismo, sexismo, y anti-obrerismo se intensificó. La dominante cultura política de los Estados Unidos llegó ser una de avaricia sin límite, vaciada de ideales sociales y sin preocupación del débil. Nuestros gobernantes impulsaron el consumerismo, el individualismo, y un imperialismo racista que se auto-nombra patriotismo: el "nuevo orden mundial" de Bush.

Con todas estas fuerzas negativas en función, y la recesión económica de Reagan-Bush encercandonos, no es sorprendente la cautelosa dirección conservativa entre los chicanos en los 80s: hacía la política de "mainstreaming it", hacía la asimilación y el acomodamiento. Algunos chicanos radicales del pasado dicen que los días de confrontación han cesado. Incluso entre activistas, la palabra chicano no es tan popular como lo fue antes. En vez oímos "Hispanic", el cual agencias gubernamentales laboraron exitosamente para popularizar. "Hispanic" refleja la política de identidad blanca la cual ha existido desde la tóma estadounidense; algunas personas de nuestro pueblo siempre han buscado escapar del racismo menospreciando nuestros orígenes indígenas.

Pero los 80s también mostraron que tenemos otra tradición política: la resistencia y la autodeterminación. El esclarecimiento desarrollado por el movimiento de los 60s-70s nunca murió, y muchas de las luchas de hoy se han beneficiado de eso aunque se den o no se den cuenta las personas. Cierto, la mayoría de los líderes y las organizaciones sobresalientes de ese período se han retirado de las actividades. Pero algunos de los organizadores más efectivos (no los grandes personajes de los 60s) han estado activos desde el Movimiento. Han recaudado lecciones de la experiencia y han seguido adelante, obrando con líderes nuevos, mujeres y hombres en las trincheras de las luchas cotidianas. El presente se nutre del pasado y el futuro se va nutrir del presente.

El racismo y la explotación no cesaron, ¿Cómo podría cesar nuestra lucha? La mayoría de los chicanos, mexicanos, y otros latinos en los Estados Unidos económicamente están peor hoy que hace 10 años. La represión policiaca se intensifica. A lo largo de la frontera, la Raza vive en hogares pésimos y trabaja bajo condiciones de super explotación esforzadas por el terror de la migra.

programs themselves. They assaulted gains of the 60s like Ethnic Studies and Affirmative Action. At the same time, many Chicanos had moved into the middle-class with help from such programs; they had an interest in upward mobility and little desire to challenge the new status quo.

When Ronald Reagan became president in 1980, the Right entrenched itself at the center of U.S. politics— where it has remained. Racism, sexism and anti-workerism intensified. The dominant political culture of the U.S. came to be one of greed run amok, devoid of social ideals and untroubled by concern for the underdog. Our rulers encourage consumerism, individualism, and a racist imperialism that calls itself patriotism: Bush's "New World Order."

With all these negative forces at work, and the Reagan-Bush economic recession locking in, it is no surprise to find a cautious, conservative trend among Chicanos in the 80s: toward the politics of "mainstreaming it," toward assimilation and accommodation. Some former Chicano radicals say the days of confrontation are over. Even among activists, the term Chicano is not as popular as it once was. Instead we hear "Hispanic," which government agencies worked successfully to popularize. "Hispanic" reflects the politics of white identity which has existed in one form or another since the U.S. takeover; some of our people have always sought to escape racism by downplaying our indigenous origins.

But the 1980s also showed that we have another political tradition: resistance and self-determination. The awareness created by our movimiento of the 60s-70s never died, and many of today's struggles have benefited from it— whether people realize that or not. True, most of the well-

Problemas sociales como la guerra de pandillas, las drogas, el alcoholismo, el embarazo de jovencitas, y el desempleó están volviendo a nuestra juventud en una especie que peligra, en una sociedad enferma y maligna.

Y es así que la lucha por la liberación aun vive, tomando nuevas formas para confrontar los nuevos cambios. Por ejemplo: con la reducción de programas federales, vemos más proyectos denominados *self-help* (auto-ayuda). Estos son frecuentemente centros populares que ofrecen entrenamiento y empleo, salud, intervención en crisis, ayuda a damnificados, y tanto más. La epidemia del SIDA y la resistencia frecuente de los latinos en reconocer este problema ha generado programas financiados por empresas privadas.

La dirección derechista Reagan-Bush le dió más libertad de operar al gran monopolio, y esto ha dado brote a nuevas luchas. La expansión sin límite de la industria del "high-tech" es una razón principal del desarrollo de un viejo problema: el racismo en el envenenamiento ambiental. Esto se refiere al desagüe de desperdicios venenosos en comunidades donde la mayoría de sus residentes son personas de "color." En respuesta, chicanos y otros se han organizado como nunca antes para defender sus propias vidas.

Los ataques derechistas a las mujeres y a los homosexuales también ha estimulado acción de parte de la Raza. En el lado positivo, vemos Raza homosexuales y lesbianas organizándose abiertamente alrededor de su opresión y sus necesidades. Aunque aún raro fuera de ciudades grandes, tal afirmación representa un gigante paso hacia el cese de la intolerancia. Sobrepasando el sexismo entre activistas chicanos/mexicanos sigue siendo una necesidad obvia.

Hoy vemos a La Raza involucrandose más en la política electoral convencional que durante el movimiento, a menudo en reconocimiento que puede significar más empleos. Al hacer esto estamos agregándole al Acto de Derechos Civiles y al Acto de Derechos de Votar, victorias de los africano americanos después de una larga y dura lucha durante los 60s. Como resultado de los esfuerzos del registro para votar, simbolizado por Willie Velásquez, el difunto director del Southwest Voter Registration and Education Project, y nuestra actividad electoral, el número de congresistas mexicano americanos subió de cuatro a nueve en 1980-84. Muchos más han sido electos a puestos municipales y estatales. Aún seguimos inferiormente representados en todos los niveles.

Para los latinos, el evento más sobresaliente de los últimos 15 años podría ser nuestro acelerado crecimiento demográfico, especialmente cuando más y más Raza emigra de Latinoamérica a los Estados Unidos. A la corriente tasa de crecimiento, durante unos pocos años seremos la "minoría" más abundante. En California, las minorías van a ser la mayoría dentro de poco tiempo, y

known leaders and organizations from that period are gone from the activist scene. But some of today's most effective organizers (not the big names of the 60s) have been active since the movimiento. They have drawn lessons from experience and carried on, working with new leaders—women and men from the front lines of daily struggle. Thus the present builds on the past and the future will build on the present.

Racism and exploitation did not die, how could our struggle? Most Chicanos, mexicanos and other Latinos in the U.S. are worse off today economically than ten years ago. Police brutality rages. Raza along the Mexican border live in sub-human housing and work under conditions of super-exploitation enforced by Migra terror. Problems such as gang warfare, drugs, alcoholism, teenage pregnancy, and unemployment are making our youth an endangered species in a mean-spirited society.

And so our liberation struggle lives, taking new forms to meet changing times and focussing on new issues. For example: with the shrinking of federal programs, we see more projects that could be called "self-help." These are often community centers that offer job training and placement, health care, crisis intervention, aid to the homeless, and so forth. The AIDS epidemic and the problem of Latino reluctance to recognize it have generated privately funded programs.

The rightwing reign of Reagan-Bush has given Big Business an even freer hand than before, and this has also spurred new resistance. The untrammeled expansion of high-tech industry is a major reason for the spread of an old problem: environmental racism. This refers to the practice of dumping poisonous wastes in communities where most residents are people of color. In response, Chicanos and others have organized as never before to defend their very lives.

The rightwing attack on women and homosexuals has also stimulated action by Raza. On the positive side, we see gay and lesbian Raza organizing openly around their oppression and their needs. Though still rare outside big cities, such affirmation represents a giant step toward an end to bigotry. Overcoming sexism among Chicano/mexicano activists remains a glaring necessity.

We see Raza putting more effort into conventional electoral politics today than during the movimiento, often out of a recognition that it can mean more jobs. In this effort we are building on the Civil Rights Act and the Voting Rights Act, won by the long hard struggle of African Americans in the 60s. As a result of voter registration work exemplified by the late Willie Velásquez, Executive Director of the Southwest Voter Registration and Education Project, and ongoing electoral activism, the number of Mexican Americans in Congress rose from four to nine in 1980-84. Many others have been elected to local or state office. Still we remain vastly under-represented.

nacionalmente lo va ser durante el siglo veintiuno. ¿Hacía dónde se dirigen estos cambios?

Ya podemos notar la complejidad de la presente población latina. En una ocasión fue mayoritariamente mexicana y puertorriqueña, hoy la Raza incluye muchos salvadoreños y guatemaltecos al igual que otras nacionalidades, de diversos orígenes de clase. El título de este libro se refiere a la história chicana pero no podemos separarnos de otros latinos que luchan. Construir solidaridad y coaliciones entre La Raza, como entre toda la gente de color, parece ser una alta pioridad hoy día.

El quincentenario de 1992 ofrece una oportunidad de hacer esto. La llegada de Colón marca el comienzo del genocidio, la esclavización, y la explotación para personas de color. El sistema que Colón trajo a América eventualmente también oprimió a los blancos de la clase trabajadora. Juntos podemos denunciar la celebración oficial de 1492 y podemos tener nuestra propia celebración alternativa de comunidad y cultura.

Si el activismo chicano de hoy no es un movimiento masivo a la escala de los 60s eso no significa que nuestra lucha por la justicia social cesó en algún momento. Será más local que nacional, hoy tendrá menos metas grandiosas. Pero todavía nuestro pueblo sigue luchando, como lo demuestran las fotografías que aquí se ven.

La historia de este libro es un buen ejemplo. Nació de una idea de Nita Luna en el Centro de Comunicaciones Chicano en 1975, fue hecho realidad por un grupo de compañeras (y algunos compañeros como el activista Joaquín Luján, cuya ayuda hizo que trabajaramos más rápido). Después de que la primera redacción de 5,000 copias se agotó en 1976, fue reimprimido. Fuerzas políticas hostiles deliberadamente destruyeron toda la segunda edición en mayo de 1977, un tipo de acción que tomó lugar en más de una ocasión en esos años. Pero muchas personas vieron la necesidad de hacer accesible la verdadera historia del nuestra Raza, especialmente a la juventud. Y es así que este libro no se pudo destruir. Y es así que ahora este libro vuelve a nacer como un arma educativa para el pueblo latino y todos los demás pueblos y razas.

Vivimos en una era que presenta más preguntas que respuestas sobre el futuro de la humanidad. Todavía, nuestra resistencia continúa, en sitios grandes y pequeños. Cuando colectábamos fotografías para esta nueva edición, un día recibimos una llamada telefónica de un compañero del Medio-oeste. Oyó que el libro iba a publicarse y dijo: "Tal vez les mando unas fotografías. Vivo en Shawnee, Kansas y quiero que la gente se de cuenta de que en realidad hay chicanos acá".

Órale señor, nosotros y nuestros sueños estan en todo lugar.

E.M.

Día de la Raza 1991

For Latinos the single most important development of the last 15 years may be the fact that our numbers are growing at high speed, especially as more and more Raza come to the U.S. from Latin America. At the current rate of growth, we will become the largest so-called minority population within a few years. People of color in general will be the majority in California very soon, and the majority nationwide sometime during the 21st century. Where will these changes lead?

We can already see the complexity of today's Latino population. Once mostly of Mexican or Puerto Rican origin, Raza now include many Salvadorans (450,000 in Los Angeles alone) and Guatemalans along with other nationalities. The title of this book still refers to Chicano history but we cannot separate ourselves from other Latinos in struggle. Building solidarity and coalitions among Raza, as among all people of color, seems a top priority today.

The 1992 Quincentennial offers a rare chance to do this. Columbus's arrival marked the beginning of genocide, enslavement and exploitation for people of color. The system that Columbus introduced in America eventually oppressed working-class whites also. Together we can all denounce the official celebration of 1492 and have our own alternative celebrations of community and culture.

If Chicano activism is not a mass movement today on the scale of the 60s, that does not mean our struggle for social justice ever stopped. It may be more local than national, it may have less grandiose goals today. Still, our people have gone on fighting, as the pictures you see here demonstrate.

The history of this book is a good example. Originally an idea of Nita Luna at the Chicano Communications Center, the book was made a reality by compañeras (and some compañeros like activist Joaquín Luján, whose help made our work go faster). After the first edition of 5,000 copies sold out in 1976, the book was reprinted. Hostile political forces deliberately destroyed that second printing in a type of action that happened more than once during those years. But many people saw the need for information accessible to our youth about the history of Raza. And so this book could not be destroyed. And so it lives again today as an educational tool for Latinos—for all races and nationalities.

We live in an age that presents more questions than answers about the future of humanity. Still, our resistencia continues, in places large and small. When collecting pictures for this new edition, we received a telephone call one day from a compañero in the Midwest. He had heard that the book was coming out and he said: "I may send some photos. I live in Shawnee, Kansas, and I just want people to know that there really are Chicanos here!"

Órale, señor, we and our dreams are everywhere.

E.M.

Día de la Raza 1991

Long before 1776,
Mexico was a land of high cultures...

Mucho antes de 1776,
México era un país de cultura avanzada...

The idea of private property did not exist; the land with all its riches belonged to the people

El concepto de la propiedad privada no existía;
la tierra con toda su riqueza pertenecía al pueblo

THEN CAME THE SPANIARD TO GRAB GOLD AND ENSLAVE THE INDIANS

•

Vino el español para robar oro y hacer esclavos a los indígenas

They conquered with violence and disease...

•

Conquistaron con armas y enfermedades...

Cholollã

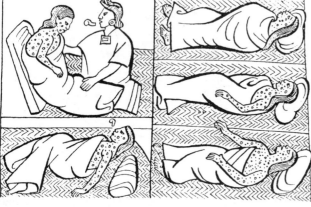

Before the coming of the mighty men and Spaniards, there was no robbery by violence, there was no greed and striking down one's fellow man in his blood, at the cost of the poor man, at the expense of the food of each and everyone.

It was the beginning of tribute, the beginning of church dues... the beginning of strife with guns, the beginning of robbery with violence, and the beginning of debts enforced by false testimony, the beginning of individual strife, a beginning of vexation.

MAYA COMMENTARY

Antes que llegaran los grandes hombres y los españoles, no se robaba con violencia, no había avaricia, y no se derribaba al prójimo para que yaciera en su propia sangre, a costa del pobre, a costa de la comida de cada uno y de todos.

Fué el comienzo del tributo, el comienzo de la cuota exigida por la iglesia, el comienzo de la lucha armada, el comienzo del robo con violencia, el comienzo de las deudas enforzadas por falsos testimonios, el comienzo de la lucha entre individuos, un comienzo del maltrato.

COMENTARIO MAYA

EL NACIMIENTO

DEL MESTIZO

La conquista española
creó un pueblo nuevo, -
los hijos de la mujer indígena
y del español, quienes después
también se mezclaron con esclavos
africanos que trajo España.
El mestizo. La Raza.
Unos nos llamaron "la raza cósmica"
porque mezclamos a todas las llamadas
razas del planeta,
la blanca, la amarilla-roja y la negra,
para crear una gente nueva
llamada Raza de Bronce.
Gente nacida de un acto de destrucción
Gente nacida de una violación
Un pueblo nuevo de América nacido
para rebelarse.

BIRTH OF

THE MESTIZO

The Spanish Conquest
also brought a new people
into being --
children of the india woman
and the Spaniard --
later, also mixed with
African slaves brought by Spain.
El mestizo. La raza.
Some called us
"the cosmic people"
because we mixed
all the so-called races
of this planet,
white, yellow-red and black,
to make a new people called Brown.
A people born
from an act of destruction
A people born
from an act of rape
A new people of America
born to revolt.

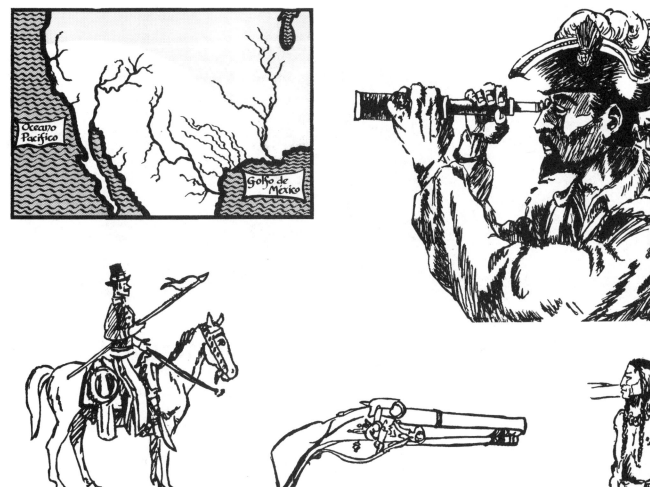

Acoma Pueblo, N.M.

Spain sent explorers to what is now New Mexico, looking for more gold. The Native Americans accepted them or were killed by them, as at Acoma Pueblo. Again it was a time of broken spears. Now Spain had a new colony.

•

España mandó exploradores al territorio que ahora es Nuevo México, en busca de más oro. Los indios los aceptaron, o fueron muertos por ellos, como en el pueblo Acoma. Otra vez fue un tiempo de lanzas rotas. España tenía una colonia nueva.

1680 ¡REBELION! Indians Revolt, with Mestizo Support

On August 10, 1680, Pueblo Indians all over the Spanish colony of Nuevo México rose in revolt. Their leader was Popé, a doctor, whom the Spaniards described as "a whirlwind." The revolt had been planned for 12 years if not more. Indian runners went to each pueblo carrying a cord with knots that showed the date for revolt. When that day came, the Pueblo people quickly drove out the Spaniards–to El Paso–and burned Santa Fe. They were supported by poor mestizo workers in the barrio of Analco, who also hated their masters.

Twelve years later, Spain returned with cannons and sweet talk of peace. The colony was restored. Spain extended its rule in Nuevo México, California, etc.

El 10 de agosto de 1680, los indios Pueblo se alzaron en rebelión por toda la colonia española de Nuevo México. El líder fué Popé, un doctor, a quien los españoles llamaban "remolino de viento". La rebelión había sido planeada por doce años o más. Mensajeros indios iban a cada pueblo llevando un cordón con nudos que significaban la fecha de la rebelión. Cuando el día llegó, la gente Pueblo rápidamente empujó a los españoles hasta El Paso, y quemaron Santa Fé. Tuvieron el apoyo de los trabajadores mestizos pobres de Analco, que también odiaban a sus amos españoles.

Doce años después, España regresó con sus cañones y palabras dulces de paz. La colonia fue restaurada.

In the Spanish capital of Santa Fe, there were rich and poor. The poor were mestizos and indios who slaved for the rich, as servants and laborers. They lived in Analco, the first barrio in what is now the U.S. Some of Analco's buildings still stand.

En la capital española de Santa Fé, había ricos y pobres. Los pobres eran mestizos e indios, esclavos de los ricos, sirvientes y trabajadores. Vivían en Analco, el primer barrio, en lo que ahora son los Estados Unidos. Algunas casas de Analco todavía existen.

Barrio of Analco

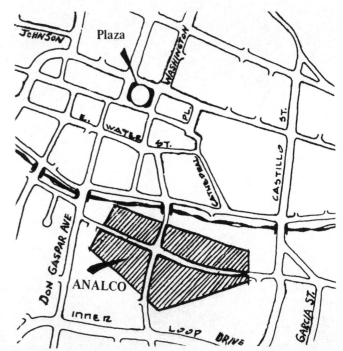

NUEVO MEXICO

Hacia el norte de Santa Fé, había más igualdad. España usó un sistema de 'mercedes' para establecer pueblos. Muchas mercedes eran como los ejidos de México. Se les daban pequeños terrenos a individuos, pero casi toda la tierra era propiedad común. La gente la compartía para pastar sus animales, cortar leña, etc. Así se creó un espíritu de cooperación.

North of Santa Fe, there was more equality. Spain had a system of land grants to start villages. Many grants were communal. That is, an area of land was granted to a group of people. Small sections were then given to individuals but most of the land was owned in common. The villagers shared it, for grazing, cutting firewood, etc. This created a spirit of cooperation,

San Luis Rey Mission, California

California and Tejas

San Antonio Mission, Texas

Spain used church missions to colonize the coast of California and parts of Tejas. Mission bells often rang for visiting officials but Indians and poor mestizos were treated like slaves. It was they who built the mission and did its farming. Many died of overwork and brutal exploitation.

España usó misiones de la iglesia católica para colonizar la costa de California y partes de Tejas. Las campanas de las misiones repicaban para los oficiales que visitaban pero los indios y mestizos pobres vivían casi como esclavos. Fueron ellos los que construyeron las misiones y labraban las tierras. Muchos murieron por exceso de trabajo y por la explotación brutal por parte de los dueños.

EL GRITO DE DOLORES

We were very isolated from the center of Mexico and heard almost nothing about the war against colonialism going on there. Mexico began to fight Spain on Sept. 16, 1810 as Padre Hidalgo gave his ringing "Grito."Morelos continued the struggle. Mexico won, in 1821, thanks to the courage and sacrifice of many mestizos and indios, many women as well as men. At first, Mexican independence seemed to bring little change to our lives in the north...

Estábamos aislados del centro de México y no sabíamos casi nada acerca de la guerra contra el coloniaje allá. México comenzó a pelear contra España el 16 de septiembre de 1810, cuando el padre Hidalgo dió su sonoro 'Grito'. Morelos continuó la lucha. México ganó en 1821, gracias al valor y sacrificio de muchos indios y mestizos, de mujeres como hombres. Al principio parecía que la independencia de México había cambiado muy poco nuestra vida aquí en el norte...

Father Miguel Hidalgo

Abajo/below: José María Morelos

One hero was a young miner known as "El Pípila" (the turtle). Protecting himself with a slab of tile, he set fire to the door of a building held by Spaniards. This enabled the people to enter.

Un héroe fue un minero joven conocido como "El Pípila". Protegiéndose con una losa, prendió fuego a la puerta de un edificio ocupado por los españoles. Esto dejó entrar a la gente.

22

1830 - 1910

Conquest and Colonización

Mexico's long war of independence from Spain left a new nation that was exhausted, weak and backward. The rulers of the United States, who had had their eyes on Mexico since the time of Jefferson, now saw their chance. They had already gobbled up huge areas of land in addition to the 'Thirteen Colonies.' They got the Midwest from France in 1803 (the Louisiana Purchase) and they took Florida by force from Spain in 1819. Soon they would take Oregon from England.

The U.S. was a rising capitalist nation while European empires were declining. The Yankees said it was their "Manifest Destiny" to expand.

We will now see the real forces behind this so-called 'manifest destiny.' We will see how half of Mexico was ripped off by trickery and violence. We will see how Chicanos became a colonized people. In the process of being colonized, we were robbed of land and other resources. We were murdered and lynched, like Josefa in Downieville, California on July 4, 1851. But we resisted, with our lives. And we endured.

La larga guerra de independencia de México contra España dejó cansada, débil y atrasada a la nueva nación. Los gobernantes de los E.U. que desde los tiempos de Jefferson habían fijado sus ojos codiciosos en México, ahora vieron su oportunidad. Ya se habían posesionado de inmensas cantidades de tierra, además de las tierras que les habían quitado a los indios. En 1803 compraron de Francia el medio-oeste ("Louisiana Purchase") y despojaron a España de la Florida por fuerza en 1819. Pronto ocuparon Oregon, que estaba en manos de Inglaterra.

Los E.U. eran un poder capitalista creciente, mientras que los poderes europeos estaban debilitándose. Los yanquis decían que era su "destino manifiesto" que extendieran sus territorios. Ahora vamos a ver las verdaderas fuerzas detrás de lo que llamaban "destino manifiesto". Ahora veremos cómo los chicanos se convirtieron a un pueblo colonizado. En el proceso de colonizarnos nos robaron nuestra tierra y otros recursos. Fuimos muertos, y linchados, como Josefa, en Downieville, California, el 4 de julio de 1851. Pero nos aguantamos y resistimos.

La voz de la esclavitud del Sur:

¡QUEREMOS TIERRA!

¡QUEREMOS MAS ESTADOS CON ESCLAVOS!

The voice of Southern slavery:

WE WANT LAND!

WE WANT MORE SLAVE STATES!

In the southern United States, the big plantation owners were anxious to expand in the 1830's. Their economic and political power faced a serious threat from the rising industry of the North. So they wanted more land, to plant cotton grown by slaves. They also wanted to extend slavery into new areas. This would create more slave states, to balance the "free" states of the North.

En 1830 los dueños de las grandes plantaciones en el sur de los E.U. querían extender su territorio. Su poder económico y político se veía amenazado por la creciente industria del norte. Querían más tierra para sembrar más algodón. También querían extender la esclavitud. Esto crearía más "estados de esclavos" para estar en equilibrio con los "estados libres" del norte.

Conspiracy to take Texas

Sam Houston

"The Anglo-Saxon race must pervade the whole southern extremity of this vast continent. The Mexicans are no better than the Indians and I see no reason why we should not take their land..."

--Sam Houston

"La raza anglo-sajona tiene que ocupar la entera extremidad del sur de este vasto continente... Los mexicanos no son mejores que los indios y no veo ninguna razón para no tomar sus tierras..."

Sam Houston

Andrew Jackson

Stephen Austin

El Plan para tomar Tejas

President Andrew Jackson and his southern friends, especially Sam Houston, conspired to take over the Mexican province of Tejas. First they tried to buy Tejas, but Mexico refused. So they put another plan into operation—bring thousands of Anglo settlers into Tejas and have them declare a "revolution."

Houston sent agents all over the country to recruit "settlers." Meanwhile, Moses Austin and his son Stephen got large grants of land in Tejas from Mexico. The "settlers" were then given pieces of land from those grants. They were supposed to swear allegiance to the Mexican government and not have slaves, but they did not respect these conditions.

By 1835, there were many more gringos than mexicanos in Tejas. The second part of the plan could be put into effect now...

Los sureños, encabezados por el presidente Andrew Jackson y Sam Houston, conspiraron para tomar a la provincia de Tejas. Primero trataron de comprarla pero México se negó. Entonces intentaron otro plan--traer miles de colonos anglos a Tejas, y después que estos colonos declararan una revolución.

Houston mandó agentes por todo el país para atraer "colonos". Mientras tanto Moses Austin y su hijo Stephen consiguieron de México extensas mercedes de tierra en Tejas. Los "colonos" entonces recibieron pedazos de tierra de estas mercedes. Se suponía que tenían que jurar lealtad a México y no tener esclavos, pero no respetaron ninguna condición.

Ya por 1835 había más gringos que mexicanos en Tejas. Ahora se podía llevar a cabo la segunda parte del plan de los esclavistas...

THE ALAMO

What the history books tell us

Lo que nos dicen los libros de historia

Nos dicen que en 1835, los "tejanos" comenzaron una heróica revolución contra los "tiranos mexicanos". México mandó tropas que atacaron a los "tejanos" en el fuerte de El Alamo en San Antonio. Nos cuentan que los "heróicos" defensores del Alamo fueron brutalmente muertos por los mexicanos. El único que se escapó fue un sirviente, nos cuentan. "¡Recuerde el Alamo!" llegó a ser un inspirante grito de guerra para los americanos por todo el país. Más tarde los "tejanos" derrotaron a México. Sam Houston fue el primer presidente de la nueva "República de Texas."

They tell us that in 1835 the "Texans" started a heroic revolution against "Mexican tyrants." Mexico sent troops who attacked the "Texans" in the Alamo fort at San Antonio on Feb. 23, 1836. They tell us that the heroic defenders of the Alamo were all massacred brutally by the Mexicans. The only man who escaped was a servant, they say. "Remember the Alamo!" became an inspiring battle-cry for Americans all over the country and later the "Texans" defeated Mexico. Now they were independent. Sam Houston became the first president of the "Texas Republic."

THE ALAMO   The Truth about its "Heroes" • La verdad

James Bowie

Davey Crockett

William Travis

Los "heróicos tejanos" del Alamo en realidad eran traficantes y dueños de esclavos, vendedores de terrenos, y asesinos de indios, que recientemente habían llegado a Tejas. Bowie había hecho su fortuna vendiendo esclavos, y controlaba seis millones de acres de tierra tejana. Crockett había matado indios en la Florida y contaba con orgullo que comía papas fritas en la grasa de cuerpos indios. Travis había dejado que un esclavo fuera condenado a muerte en Alabama por un crimen que Travis mismo cometió.

Una razón por la cual los gringos pelearon tan duro fué que México iba a poner en libertad a todos los esclavos en Tejas. El "sirviente" que sobrevivió era un esclavo de Travis. No fué una "matanza" sino una batalla de doce días. Murieron muchos mexicanos.

The "heroic Texans" of the Alamo were actually slave-traders, slave-owners, land speculators and Indian killers who had just come to Tejas. Bowie made a fortune selling slaves in Louisiana. He controlled 6 million acres of Tejas land and planned to make a new fortune with that. Crockett had killed Indians in Florida and boasted that he ate potatoes fried in fat from Indian bodies. He went to Tejas to make a fortune and a political career. Travis had let a slave be condemned to death in Alabama for a crime that Travis committed.

One reason the gringos fought so hard was that Mexico had just announced it was going to free all the slaves in Tejas. That "servant" who survived the battle was a slave of Travis. The "massacre" was a 12-day battle that cost many Mexican lives.

Pero Tío Sam

La "República de Texas" no se hizo un estado en seguida. Pero había mucha insistencia en anexarla. Eso se hizo después de la elección del presidente James Polk en 1844. También trató Polk de comprar a California y Nuevo México pero México se negó. Entonces Polk........

Wanted More

The "Texas Republic" did not become a state right away. But there was intense pressure to annex it. This was done after the election of President James Polk in 1844. Polk also tried to buy California and Nuevo México, but Mexico refused. Soon Polk would try a trick......

"I declared my purpose (in a private meeting of the Cabinet) to be to acquire for the U.S., California, New Mexico and perhaps some other of the northern provinces of Mexico."
-- President James Polk

"Tejas será nuestro" - una de muchas manifestaciones muy belicosas que demandaban que Tejas fuera anexado a los Estados Unidos.

•

Jersey City, N.J., 1845: one of many war-like demonstrations which took place all over the nation, for the annexation of Tejas to the U.S.

28

¡Queremos más tierra!
¡Queremos más mercados!

•

We want more land
We want markets

The pressure to annex Tejas and invade Mexico did not come just from President Polk or a few racists. It came from the economic forces at work in the U.S.-- from the whole system.

In the North, industry was expanding rapidly with textile mills, iron-works, etc. The new capitalists had to expand. They needed new markets, new customers, so that they could sell their products and make profits. Otherwise, all that production would lead to another depression like the big one in 1837. No markets, no profits. If they could take over all the land to the Pacific Ocean, it would mean many new markets in other parts of the world—more raw materials —more PROFITS.

La demanda de anexar a Tejas e invadir a México no vino solamente del presidente Polk ni de unos cuantos gringos racistas. Vino de las fuerzas económicas de los Estados Unidos - del sistema entero.

En el norte, la industria iba avanzando rápidamente con plantas de textiles, de hierro, etc. Los nuevos capitalistas necesitaban extenderse. Necesitaban nuevos mercados, nuevos compradores, para que pudieran vender sus productos y obtener ganancias. Si no, toda esa producción los llevaría hacia otra depresión, tan grande como la de 1837. Sin mercados, no hay ganancias. Si pudieran tomar toda la tierra hasta el océano Pacífico, entonces habría muchos más mercados en todo el mundo, más GANANCIAS.

Charles Bent

Gov. Manuel Armijo

THE TRADERS CAME FIRST

In Nuevo México, the gringos paved the way for a U.S. take-over by making business deals with rich mexicanos. They got the ricos on their side, a typical tactic of colonialism. One of the biggest traders was Charles Bent, who also got land through secret deals. The Governor of Nuevo México, Manuel Armijo, helped him in this.

PRIMERO LOS COMERCIANTES

En Nuevo México, los gringos prepararon el camino para la toma del sudoeste por medio de negocios con los mexicanos ricos. Esta es una táctica típica del colonialismo. Uno de los mayores traficantes era Charles Bent, que también robó tierra por medio de acuerdos secretos. El gobernador de Nuevo México, Manuel Armijo, le ayudó a hacer esto.

First came the trappers, who killed all the beaver in Nuevo México in 10 years--so that rich men could wear beaver hats. Many trappers also murdered Indians; profit went hand in hand with murder. Then came the traders with thread, hardware, shirts and luxury items. They established the "Santa Fé Trail" from Missouri into Nuevo México. México allowed the traders to come under certain conditions such as paying import taxes--which they usually violated. Much trade was done at military supply posts such as Bent's Fort, located just inside the U.S.

Primero vinieron los cazadores de castores. En 10 años habían matado a todos los castores en Nuevo México para que los hombres ricos pudieran ponerse sombrero de piel de castor. Muchos de estos cazadores también mataron a indios. La ganancia iba de mano en mano con la matanza. Luego vinieron los comerciantes grandes con hilo, herramientas, camisas y otra mercancía de lujo. Establecieron el Camino de Santa Fé desde Missouri hasta Nuevo México. Se hizo mucho negocio en los fuertes y guarniciones militares situadas cerca de la frontera con los E.U.

LA GUERRA EMPIEZA

THE WAR ON MEXICO BEGINS

La batalla de Monterrey

The rulers of the U.S. finally found their excuse for war, in 1846. Polk sent troops into Mexico, near Matamoros. When Mexico fought back, Polk announced the U.S. had been "invaded." U.S. troops attacked Monterrey, in northern Mexico while Col. Stephen Kearney marched to Santa Fe and raised the U.S. flag there on Aug. 19. There was no opposition then. Gov. Armijo did what he had been paid to do.

Por fin, los gobernantes de los E.U. encontraron un pretexto para la guerra, en 1846. Polk mandó tropas a México y cuando México se defendió con armas, él anunció que los E.U. habían sido "invadidos". Las tropas yanquis atacaron Monterrey mientras el coronel Kearney tomó Santa Fé. No hubo oposición allá. El gobernador Armijo había hecho lo que le habían pagado por hacer.

NOTICE.

BEING duly authorized by the President of the United States of America, I hereby make the following appointments for the Government of New Mexico, a territory of the United States.

The officers thus appointed will be obeyed and respected accordingly.

CHARLES BENT to be Governor.
Donaciano Vigil   "   Sec of Territory.
Richard Dallam   "   Marshal.
Francis P Blair   "   U.S. Dist. Att'y
Charles Blummer   "   Treasurer.
Eugene Leitensdorfer   "   Aud. of Pub. Acc.
Joab Houghton, Antonio Jose Otero, Charles Beaubien to be Judges of "the Superior Court."

Given at Santa Fe the Capitol of the Territory of New Mexico, this 22d day of September 1846 and in the 71st year of the Independence of the United States.

(Copy of Kearney's proclamation naming Charles Bent as Governor)

Col. Kearney appointed Bent, the trader, as Governor of New Mexico. He told Mexicanos: "We come as friends, to better your condition...We mean not to murder you or rob you of your property."

Kearney nombró a Bent, el traficante, gobernador de Nuevo México. También les dijo a los mexicanos en la plaza de Santa Fé el 19 de agosto 1846: "Venimos como amigos, para mejorar su condición...No queremos matarlos ni robarles..."

¡Muera el invasor!

Nuestra gente resistía al invasor yanqui en California, y Serbulos Varela encabezó una rebelión en Los Angeles. En Nuevo México, seis meses después de que Armijo se vendió, la gente también se levantó en armas. Se dice que el padre Antonio José Martínez, un cura radical de Taos que ayudó al pobre contra el rico, animó a los rebeldes. Empezaron el 19 de enero de 1847.

Mataron al gobernador Bent y a otros oficiales de los E.U. en Taos. Después marcharon hacia el sur, en la nieve, 2,000 indios y mexicanos. Pero los cañones yanquis les hicieron retroceder a Taos. Allí los rebeldes se juntaron dentro de la iglesia del pueblo, pensando que, siendo cristianos, los yanquis no podían destruir una iglesia. Pero los cañones dispararon hasta destruir todo.

Seis dirigentes de la insurrección fueron juzgados y declarados culpables dentro de 15 minutos. Los colgaron, y al momento de morir se tomaron de la mano. Luego los verdugos se emborracharon con ronpope. Más tarde, otros cinco indios y cuatro mexicanos fueron colgados también

Padre Antonio José Martíñez

Death to the Invader!

Our people in California resisted the U.S. invaders and Serbulos Varela led a revolt at Los Angeles. In Nuevo México, six months after Gov. Armijo sold out to the U.S., the people also rose in revolt. It is said that Father Antonio José Martíñez, a radical priest of Taos who helped the poor against the rich, encouraged them.

They killed Gov. Bent and other U.S. officials in Taos on Jan. 19, 1847. Then they marched south in the snow, 2,000 Indians and Mexicanos. But the big U.S. guns drove them back to Taos. There, the rebels gathered inside the pueblo church--thinking that Christians would not destroy a church. But the cannons pounded away as usual, until the church and people were destroyed.

Six leaders of the revolt were put on trial and found guilty in 15 minutes. They were hanged, holding hands with each other while they died. Then the American hangmen got drunk on eggnog. Later, five more Indians and four Mexicans were also hanged.

Taos Pueblo church/la iglesia después de la rebelión

YANQUIS DESGRACIADOS

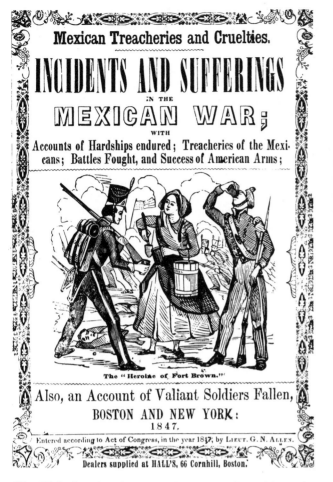

The U.S. fought the war with many lies. Most people did not hear about the brutality of Yankee soldiers. But some of the soldiers themselves said:

Los E.U. dijeron muchas mentiras. Casi no se oyó nada de la brutalidad de los soldados yanquis. Pero algunos de ellos mismos dijeron:

"On reaching the place we found a 'greaser' shot and scalped, but still breathing...The cave was full of our volunteers yelling like fiends, while on the rocky floor lay over twenty Mexicans, dead and dying in pools of blood. Women and children were clinging to the knees of the murderers shrieking for mercy. Most of the butchered Mexicans had been scalped...A sickening smell filled the place."

Samuel Chamberlain, My Confessions

"Llegando al lugar encontramos a un 'greaser' que lo habían tiroteado y descabellado pero que todavía respiraba...La cueva estaba llena de nuestros voluntarios, gritando como locos, mientras que en el suelo rocoso yacían más de veinte mexicanos, muertos o muriendo en charcos de sangre. Mujeres y niños se agarraban a las rodillas de los asesinos pidiendo misericordia. Casi todos los mexicanos asesinados habían sido descabellados..."

33 Battle on the River Gabriel, California

THE SLAUGHTER OF VERACRUZ

Mexico was far from defeated. To win a quick victory, Pres. Polk ordered Gen. Winfield Scott to invade Mexico at Vera Cruz–on the coast–and go from there to the capital. Scott landed and began to shell Vera Cruz, every minute of every hour. The city was in flames; buildings crashed; civilians were dying everywhere. At one point, Scott was asked if he would stop the bombing for a while so that women, children and non-Mexicans could leave. He refused. Finally the Mexican officers surrendered. This was the first time the Yankees massacred Mexicanos in Veracruz, but not the last.

México estaba lejos de ser derrotado. Para ganar una victoria rápida, Polk ordenó al General Scott que invadiera a México en Veracruz y que siguiera hasta la capital. Scott llegó y comenzó a bombardear Veracruz cada minuto de cada hora. La ciudad estaba en llamas. Se caían los edificios; por todas partes morían civiles. A Scott le pidieron que parara el bombardeo por un rato para que pudieran salir las mujeres, los niños y los extranjeros. Scott se negó. Por fin, los mexicanos se entregaron. Esta fue la primera vez que los yanquis mataron a veracruzanos, pero no la última.

Vera Cruz: U.S. ships attack and land/ataque y desembarco yanqui

Vera Cruz: víctimas del ataque yanqui/victims of U.S. shelling

Chapultepec Castle/Castillo--Sept. 12-13, 1847

The last battle of the war came at Chapultepec Hill in Mexico City. For 14 hours, the gringos pounded away with their big guns while a few soldiers and teenage cadets tried to defend the hill. Finally, six cadets jumped to their death rather than surrender. One or two wrapped themselves in the flag of Mexico, so that it would not fall into enemy hands. The war was over; the U.S. invaders had won.

●

La última batalla de la guerra ocurrió en el cerro de Chapultepec, en la Ciudad de México. Por 14 horas, los gringos dispararon sus cañones mientras unos cuantos soldados y cadetes jóvenes trataron de defender la loma. Seis cadetes se tiraron del castillo para morir en vez de entregarse por vencidos. Unos de ellos se envolvieron en la bandera mexicana para que no cayera en manos enemigas. Se acabó la guerra; los invasores habían ganado.

LOS NIÑOS HEROES de CHAPULTEPEC

Left to right/ de la izquierda:

Juan Escutía
Fernando Montes de Oca
Francisco Marquez
Juan de la Barrera
Agustín Melgar
Vicente Suárez

U.S. CONQUEST & BETRAYAL

CONQUISTA Y TRAICION

Gen. Scott marching into Mexico City/entrando a la capital

The Treaty of Guadalupe-Hidalgo officially ended the war. It gave the U.S. almost half of Mexico. This became the Southwest, plus parts of Utah, Nevada and Wyoming. In the treaty, the U.S. promised that the people would have "the enjoyment of all the rights of citizens of the United States, according to the principles of the Constitution." They shall, it said, "be maintained and protected in the free enjoyment of their liberty and property." But by his later actions, Uncle Sam might as well have torn up that treaty.

El Tratado de Guadalupe Hidalgo oficialmente puso fin a la guerra. México cedió a los E.U. casi la mitad de su territorio que después se conoció como el Sudoeste, además de otros estados. En dicho tratado los E.U. prometieron que la gente tendría el disfrute "de todos los derechos de ciudadanos de los Estados Unidos conforme a los principios de la Constitución" y que "serán mantenidos y protejidos en el goce de su libertad y propiedad". Pero, por sus actos posteriores, el Tío Sam hizo pedazos el tratado.

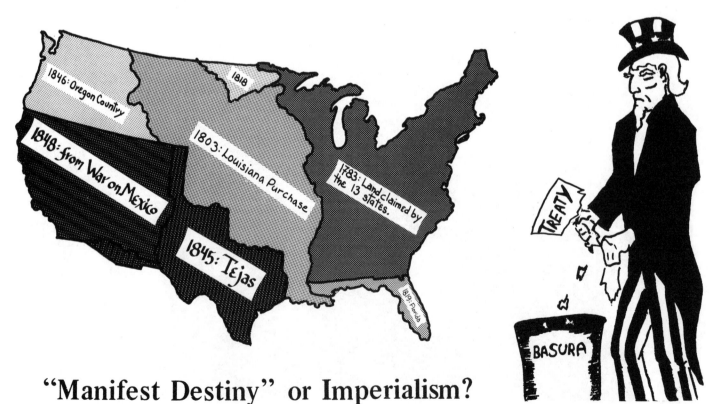

"Manifest Destiny" or Imperialism?

1848 WE ARE NOW A U.S. COLONY
AHORA SOMOS UNA COLONIA YANQUI

GOLD!
They came for gold and drove us out

Vinieron a California por oro y nos corrieron de nuestra tierra

CATTLE!
The cattlemen came and drove us out

Las grandes compañías ganaderas nos corrieron

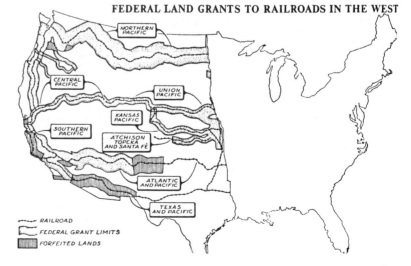

FEDERAL LAND GRANTS TO RAILROADS IN THE WEST

¡FERROCARRILES!
Las grandes companías se hicieron ricas con tierra regalada por
Tío Sam

37

Big railroad companies got rich with gifts of land from the U.S.

THEY STOLE THE LAND

LADRONES DE LA TIERRA

Thomas Catron, leader of the
Santa Fe Ring, became the
biggest landowner in the U.S.

Cuando vino el alambre, vino el hambre
When the barbed wire came, hunger came

In Nuevo México, our communal land grants were stolen by force and trickery. A group of slick Anglo lawyers and politicians formed the "Santa Fe Ring" and took millions of acres. They put up their fences and locked us out. In Texas and California, men like Richard King and Henry Miller also grabbed huge spreads.

En Nuevo México, las tierras que teníamos fueron robadas por fuerza y por engaño. Un grupo de políticos y abogados mañosos formaron el "Santa Fe Ring" y tomaron millones de acres. Pusieron sus cercas y nos dejaron afuera. En Tejas y California, hombres como King y Miller también agarraron grandes terrenos.

38

They also
took our
know-how:
MINING

Tomaron
nuestras
técnicas:
EN LAS
MINAS

Mexicanos taught Anglo miners how to use the
arrastra, a device to crush ore-bearing rock.

We taught them
how to mine...
and then they
got rich with
our labor

Yaqui Indian and Mexicano mineros, Arizona

Les enseñamos a
minar...y luego
se enriquecieron
con nuestro trabajo

Arizona

They also took our know-how: THE "COWBOY"
También tomaron nuestros modos: EL VAQUERO

Vaquero - 1841
San José Mission
California

The "All-American Cowboy" actually owes his existence to non-Anglo cultures. In the West, where cattle ranching goes back to the 1700's, the cattle herdsman was the vaquero. His ancient skills were brought from Catalonia, part of Spain, to California. The best vaqueros were often Indians. Meanwhile, in the East, the cowboy developed from African origins. Many Africans brought to the U.S. as slaves had been herdsmen at home. The Anglos learned from them. When the eastern cowboy went west, after the U.S. take-over, he adopted many of the vaquero's techniques and language--as the list below indicates. So much for John Wayne.

Vaquero, Arizona

El cowboy "puro americano" en realidad no le debe su existencia a la cultura angla. En el oeste, donde la historia de la ganadería llega hasta el siglo 18, el que cuidaba el ganado era el vaquero. Sus habilidades fueron traídas a California de Cataluña, que era parte de España. Los mejores vaqueros eran muchas veces los indios. Mientras tanto, en el este, el cowboy se desarrolló de orígenes africanos. Muchos africanos traídos como esclavos habían cuidado el ganado en sus tierras; los blancos aprendieron de ellos. Cuando el cowboy del este fue al oeste después de la captura por los E. U., adoptó mucho de la técnica y lenguaje del vaquero.

Chaparejos	=	chaps
lazo	=	lasso
la reata	=	lariat
estampida	=	stampede
cañón	=	canyon
rodeo	=	rodeo
rancho	=	ranch
pinto	=	pinto
vámonos	=	vamoose
calabozo	=	calaboose
tapaderas	=	taps
dále vuelta	=	dolly welter

(to twist rope around saddle horn)
mesa...burro...loco...etc.

They also took our know-how: IRRIGATION

We taught them how to
water the desert and make
crops grow there...thus
they made huge profits
in Agri-Business.

●

Les enseñamos a irrigar
el desierto para que
creciera la siembra...y
así más tarde la agricul-
tura capitalista hizo
millones de dólares.

Rio Puerto, N.M. - 1897

También aprendieron de nosotros a construir con ADOBE

They learned from us
how to build with
ADOBE bricks

Casa Verdugo,
California

41

They thanked us like this

In the United States
they lynch Mexicans
and leave them without work
because they are very inhuman
   Ballad

En los Estados Unidos
linchan a mexicanos
y los dejan sin trabajo
porque son muy inhumanos
   Corrido

Chicanos lynched in Santa Cruz, Calif. May 3, 1877 by 40 vigilantes. Thousands of our people were lynched for supposed crimes against Anglos–or no crime at all. The police and courts never punished anyone for doing this.

•

Chicanos linchados por 40 vigilantes. Lincharon a miles de nuestra gente por supuestos crímenes contra anglos– o por ningún crimen. No arrestaron a nadie por todo eso.

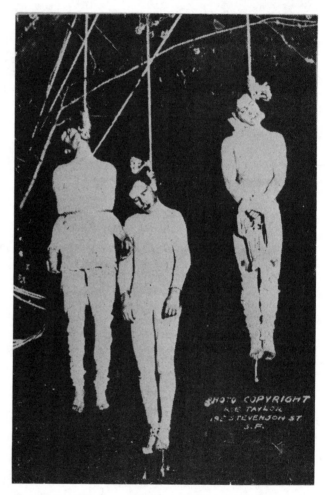

Accused of raping an Anglo girl in Santa Cruz, California, these Mexicanos were hanged without a trial--in the mid 1930's.

•

Acusados de haber violado a una niña blanca, estos tres mexicanos fueron ahorcados sin ser juzgados.

Así nos decían gracias

BUT WE RESISTED

PERO RESISTIMOS

Nuestra gente no aceptó en silencio las matanzas y los linchamientos, el robo de nuestra tierra y de sus riquezas naturales. Nos alzamos en lucha armada en resistencia, durante los años 1800. Los anglos les pusieron el nombre de "bandidos" a nuestros héroes de la resistencia; la clase gobernante siempre hace esto a los que desafían su poder.

Algunos de ellos sí les "robaron" a los anglos, porque era su único modo de sobrevivir. Joaquín Murieta fue uno de ellos. Llegó a California a eso de 1850 para ser minero. Fue insultado, robado, golpeado y echado fuera por los mineros gringos. Muchos dicen que ellos también mataron a su esposa.

A la edad de 19, Murieta ya había comenzado a luchar contra las injusticias con gran apoyo de nuestra gente. El estado mandó 'Rinches' tras de él. Se supone que lo mataron, le cortaron la cabeza y la conservaron en alcohol. Pero mucha gente dice que no fue Murieta al que mataron y que Murieta siguió viviendo en México.

Entre la Raza, hasta en partes tan lejanas como Chile, él es un símbolo de nuestra resistencia contra el imperialismo de los Estados Unidos.

Joaquín Murieta

From the rich and the greedy
I take away their money
To the poor and humble
I lift my hat
Oh, such unjust laws!
I shall become an outlaw

--Ballad of Joaquín Murieta

A los ricos y avarientos
Yo les quito su dinero
A los humildes y pobres
Yo me quito el sombrero
¡Ay, qué leyes tan injustas!
Voy a darme a bandolero

--Corrido de Joaquín Murieta

Our people did not quietly accept the lynchings and murders, the theft of our land and resources. We resisted, thruout the 1800's, in armed struggle. Anglos put the label of "bandit" on our resistance heroes; the ruling class always does this to those who challenge its rule.

Some of them did "steal" from Anglos, because it was their only means of survival. Such a man was Joaquín Murieta, who went to California about 1850 as a miner. He was insulted, robbed, beaten and driven out by Anglo miners. Many also say his wife was raped and killed.

By the age of 19, he had started to fight back--with wide support from our people. The state sent Rangers to get him. Supposedly they killed him and cut off his head, which was preserved in alcohol. But many people say it was the wrong Joaquín, and that Murieta lived on--in Mexico. Among Raza everywhere, as far away as Chile, he is a symbol of our resistance to U.S. imperialism.

The supposed head of Joaquín Murieta was exhibited in California. People paid $1.00 to see this fake.

•

La supuesta cabeza de Joaquín Murieta fue exhibida en Calif. Se cobró al público $1 para ver este fraude.

43

...AND WE RESISTED

Juan "Cheno" Cortina

Cortina fue más allá de la manera en que Murieta y Vásquez se habían rebelado. El era parte de una organización con una ideología definida. Esta organización llevó a cabo una lucha de guerrillas bien planeada contra los gringos desde 1859 hasta 1875. En una declaración, dijo que la tierra mexicana había sido robada por "una bandada de vampiros con máscaras de hombres", y demandó la liberación total. Ni las tropas federales dirigidas por Robert E. Lee pudieron capturarlo.

•

"Cheno" went beyond the kind of rebellion carried out by Vásquez and Murieta. He had an organization with a definite ideology and it waged systematic guerrilla warfare against the gringo powers from 1859 to 1875. In a proclamation, he said that Mexican land had been stolen by "flocks of vampires, in guise of men" and he called for total liberation. Even federal troops led by Robert E. Lee could not catch him.

Tiburcio Vásquez esperando ir a juicio/awaiting trial--1875

JUAN "CHENO" CORTINA 1859

–just before he began to fight back
–poco antes de empezar a resistir en Tejas

Tiburcio Vásquez

Born in Monterey, Calif. in 1835, Tiburcio became a so-called "bandit" at the age of 16 when he fled to the hills to escape a gringo lynching party. With wide support from the Mexicano people, he robbed Anglo cattle owners and stage-coaches. He was captured and hanged for murder but his real "crime" was resistance.

•

Nacido en Monterrey, Calif. en 1835, Tiburcio se convirtió en "bandido" a los 16 años, cuando huyó a la sierra para escaparse de un grupo de linchadores. Con gran apoyo de la gente mexicana robó a las diligencias y a los rancheros gringos. Fué capturado y ahorcado por "asesino", pero su verdadero "crimen" fue luchar en resistencia contra los invasores gringos.

44

Y RESISTIMOS

Baca at 72

Hubo muchas más rebeliones. Entre ellas recordamos la Guerra de Sal de El Paso, Tejas en 1877, que comenzó cuando negociantes gringos trataron de monopolizar una mina de sal que había sido tradicionalmente compartida por la comunidad mexicana. Recordamos las Gorras Blancas de Nuevo México, una organización secreta de los pobres. Iban a caballo de noche y cortaban las cercas en las tierras de la gente o quemaban las viviendas y graneros de los invasores gringos.

Elfego Baca

Baca was born in New Mexico on a softball field, where his mother had just been playing. When he was 19, a Mexicano sheriff asked him to help deal with the Texas cowboys abusing our people. Baca, a mere 'greaser', actually arrested one of them. This led to a gun-fight called the "Battle of Frisco," in which Baca held off 80 Texans shooting at him for 36 hours.

•

Baca nació en Nuevo México en un campo de pelota donde su madre acababa de jugar. Cuando tenía 19 años un 'sherife' mexicano le pidió que ayudara a lidiar con los vaqueros tejanos que estaban abusando de nuestra gente. Baca arrestó a uno de ellos. Esto resultó en un tiroteo, en el cual Baca logró resistir el fuego de 80 tejanos por 36 horas.

Gregorio Cortez

Cortez became one of the most hunted men in the history of Texas as the result of a deputy's mistake. For months, he eluded the gringos by means of his courage, intelligence and horsemanship. He was finally captured but freed after 12 years in prison because of the people's great support.

•

Cortez fue uno de los hombres más perseguidos en la historia de Tejas como resultado del error de un diputado. Por meses se escapó de los gringos, gracias a su inteligencia, su valor, y por ser un experto jinete. Al fin lo capturaron pero fue puesto en libertad por el gran apoyo que le dió la gente.

There were many more revolts by the people. We remember the El Paso Salt War of 1877, which began when Anglo businessmen tried to make a private monopoly out of a salt mine traditionally shared by the Mexicano community. We remember Las Gorras Blancas of New Mexico, a secret organization of the poor against the rich. They rode by night, sometimes hundreds of them, and cut fences put up on the people's land—or burned down farm buildings of gringo invaders. Their platform said: "Our purpose is to protect the rights and interests of the people in general and especially those of the helpless classes...If the old system should continue, death would be a relief to our suffering. And for our rights, our lives are the least we can pledge."

AND AGAIN, REPRESSION

Texas Rangers, Company "D," with Mexicano prisoner

Having taken the Southwest by military might, the U.S. kept it by legalizing murder. Powerful "legal" forces like the Texas Rangers slowly crushed Mexicano armed resistance. The rinches have acted as the personal strong-arm of big ranchers and cattle barons. Like any police force, they exist to protect the property of the rich and to keep down the oppressed.

The first Texas Rangers were formed in the 1820's to help Anglos planning to take Tejas from Mexico. Since then, they have beaten, tortured and killed thousands of Mexicanos, especially workers. They have acted as a terrorist force to maintain gringo control in areas where we form the majority. Today they still serve the rich by repressing farmworkers.

Indian people, even more than Mexicanos, suffered brutal repression by the U.S. military in the 1800's. Above, Navaho under guard at Bosque Redondo, N.M. during the forced "Long Walk" of 1864 in which hundreds of Navaho died.

●

La gente indígena o india, aún mas que la gente mexicana, sufrió una represión brutal bajo las fuerzas militares de los E.U. en los años 1800. Arriba se ven Navajos bajo guardia en Bosque Redondo, Nuevo México, durante la forzada "Caminata Larga" del año 1864, en la cual cientos de Navajos murieron.

Gen. James Carleton, who directed the "Long Walk." He wanted Navaho land and minerals.

●

El general James Carleton, quien dirigió la "Caminata Larga". El quería la tierra del Navajo. 46

DE NUEVO, LA REPRESION

Texas Rangers in Temple, Texas--Huelga de ferrocarrilleros/Railroad Strike--1894

Después de tomar el sudoeste por fuerza militar, los Estados Unidos lo mantuvieron haciendo legal la matanza. Fuerzas legales como los 'rinches' tejanos gradualmente aplastaron la resistencia armada mexicana. Los 'rinches' han actuado como un brazo de los rancheros y ganaderos ricos. Como cualquier fuerza de policía, ellos existen para proteger la propiedad de los ricos y para mantener abajo a los oprimidos.

Los primeros rinches tejanos se organizaron en los años 1920-1930 para beneficio de gringos que planeaban quitarle Tejas a México. Desde entonces, han golpeado con pistolas, torturado y matado a miles de mexicanos sin armas, especialmente a trabajadores pobres. Han actuado como una fuerza terrorista para mantener el control anglo, especialmente en lugares donde los mexicanos forman la mayoría. Hoy en día los rinches todavía sirven a los ricos con la represión de las luchas de los campesinos.

Capitán Rinche L. H. McNeely. Este hombre que parece tan dócil torturó a muchos mexicanos y los mató a tiros a sangre fría. El ayudó a proteger los intereses del Rancho King.

●

Capt. L. H. McNeely. This gentle-looking man tortured and killed many Mexicans. He was one of the Rangers who helped protect the interests of the King Ranch.

Richard King and Mifflin Kenedy. Cattle kings and masters
47 **of the Texas Rangers/reyes del ganado, patrones de los Rinches**

Haciendo tortillas - San Antonio, Tejas – 1870's

Sasco, Arizona

Baby's funeral
Clifton, Arizona

PERO HEMOS SOBRE-VIVIDO

Yo soy las masas de mi pueblo y
renuncio ser destruído
    ¡Yo seguiré viviendo!
    ¡Nosotros viviremos!

48

San Antonio, Texas – 1870's

BUT WE ENDURED

I am the masses of my people and
I refuse to be destroyed...
    I shall endure!
    We shall endure!

Rio Arriba County, New Mexico

Clifton,
Arizona

TWO OF OUR "SECRET WEAPONS"

The Brotherhood (the "Penitentes") began as a religious organization. Since the U.S. take-over, it has also been a sort of semi-secret community organization which helps our people to survive the invader's institutions and culture. Above, a morada or meeting-place of the brothers.

•

La Hermandad (los "penitentes") comenzó como una organización religiosa. Desde la toma del sudoeste por los E.U., también ha servido como una organización semi-secreta de gente pobre que ayuda a nuestras comunidades a sobrevivir. Arriba, una morada de la Hermandad.

DOS "ARMAS SECRETAS"

The healer, or curandero, is a man or woman who heals illness with herbs and other types of traditional medicine.

•

El curandero es un hombre o una mujer que cura con hierbas y otros medios tradicionales las enfermedades del pobre.

Siquieros

LA REVOLUCION MEXICANA

Nuestros carnales en México tenían los mismos enemigos nuestros a fines de los años 1800: los capitalistas yanquis que dominaban le economía mexicana. Los campesinos de México además tenían otro gran enemigo-los grandes terratenientes mexicanos, que habían forzado a los campesinos dejar la tierra. El dictador Porfirio Díaz, que había estado en el poder por casi treinta años, era el gran amigo de ambos: de los yanquis y de los hacendados mexicanos.

En 1910, el pueblo mexicano ya no podía aguantar más. Se comenzó la primera revolución social de este siglo. Lo que empezó con un movimiento democrático contra la dictadura cruel de Díaz pronto incitó a todo un pueblo hambriento y oprimido. Costó un millón de vidas en un país de quince millones.

Contra los latifundistas ricos--y el imperialismo yanqui--se alzaron dos ejércitos populares sin igual en la historia de Nuestra América: el Ejército Libertador del Sur comandado por Emiliano Zapata y la División del Norte encabezada por Francisco Villa. Sus fuerzas eran enormes porque eran el mero pueblo--en armas, luchando por un ideal que es a la vez la sobrevivencia: ¡Tierra y Libertad!

Our carnales in Mexico faced the same enemies we faced in the late 1800's: the Yankee capitalistas, who dominated the Mexican economy. Mexico's campesinos also faced another enemy: the big landlords, who had driven the peasants off the land. Porfirio Díaz, a dictator who had been in power for almost 30 years, was the tool of both the Yankees and the rich Mexicans.

In 1910, the Mexican people could not stand it any longer. They began the first social revolution of this century. It started as a reformist, democratic movement under middle-class leadership, against the Díaz dictatorship. But it soon erupted with the full, violent energy of a hungry people. The war took a million lives, in a nation of fifteen million.

Against the old landlords--and Yankee imperialism--arose two people's armies unmatched in the history of Our America: the Liberating Army of the South led by Emiliano Zapata, and the Northern Division commanded by Francisco Villa. They had great strength because they were the very people--armed, fighting for a high ideal and the means of survival:

Land and Freedom!

51

Río Blanco en huelga/on strike

Below/Abajo: William Randolph Hearst
Owner of much of Mexico's wealth
Dueño de terrenos y fábricas

BEGINNINGS - EL COMIENZO

With President Díaz holding the whip for them, the ruling class of Mexico kept the campesinos and industrial workers in a permanent state of hunger and misery. Discontent exploded in two big strikes in the early 1900's. The first was in the Cananea copper mines, near the Arizona border. Like many of Mexico's resources, the mines were owned by a U.S. company which treated its 2000 Mexicano workers with vicious racism.

The next year, 1907, thousands of textile workers rebelled all over México. It began at the huge Río Blanco mill near Veracruz. Workers there put in 14 or more hours a day, for 24¢ to 80¢ a week. Such conditions led workers from many mills to organize. Río Blanco then struck, with women workers in the front lines to stop scabs. Díaz's troops massacred the people day and night while the owners toasted their "victory."

•

La clase gobernante de México mantenía a los campesinos y a los trabajadores industriales en un estado permanente de hambre y miseria por medio del gobierno del Presidente Díaz. El descontento estalló en dos grandes huelgas. La primera fue en las minas de Cananea, cerca de la frontera de Arizona. Eran propiedad de una compañía gringa que trataba a los 2,000 trabajadores mexicanos con un racismo rabioso.

El próximo año, 1907, miles de trabajadores textileros se alzaron en rebelión en todo México. Esta comenzó en la planta Río Blanco, donde los trabajadores tenían jornadas de 14 o más horas por 24¢ a 80¢ semanales. Río Blanco se declaró en huelga y las mujeres trabajadoras lucharon para detener a los rompe-huelgas. Mientras los soldados de Díaz masacraban a los obreros día y noche, los dueños brindaban por su "victoria".

52

CANANEA 1906 ¡HUELGA! AND MASSACRE

Año seis de este siglo
ya mayo se petateaba
la cosa fué en Cananea
cuando junio principiaba.

Los patrones eran gringos
y gringos los capataces
y más gringos, ladrones,
como las aves rapaces.

Las demandas eran justas:
derecho al ascenso
mínimo salario,
jornada de ocho horas
y trato humanitario.

Y tanto miedo sintieron
el gobierno y el gerente
que pidieron de Arizona
--con carácter de urgente--
un batallón de soldados.

Pilas de muertos y heridos
arrojaron así con cinismo
usando contra hermanos
las armas del Capitalismo.

Y así volvió la Paz,
al Orden y a los Progresos,
¡A costa de sangre y viudas
y de huérfanos y presos!

•

In 1906, at the end of May
and at the start of June
--it happened in Cananea.

The bosses there were gringos
the foremen were gringos too,
and other gringo thieves
hung round like birds of prey.

Worker demands were just:
fair treatment, minimum wage,
the right to an 8-hour day,
and promotion with benefits.

And the government and bosses
were so very much afraid
that they sent across the border
for soldiers from Arizona.

There were piles of dead
and wounded
thus cynically shot down
when the Capitalists' guns
were used upon our brothers.

And thus returned their Peace,
their Order and their Progress,
at the cost of blood and widows,
of orphans and prisoners!

53

Cananea 1906: striking miners listen to speaker/mineros en huelga escuchan un orador

Tienda de raya con guardias armados/Company Store with armed guards
Abajo, Rangers de Arizona y rurales Mexicanos suprimen la huelga
Below, Arizona Rangers and Mexican troops suppress Cananea strike

Ricardo and Enrique Flores Magón did much to create revolutionary consciousness. They edited **Regeneración** and other papers, organized the Liberal Party and led several armed uprisings. Exiled by Díaz, they continued working in the U.S., where they were also persecuted.

Dolores Jiménez y Muro, a writer and later a colonel, was one of many thousands who joined in a struggle aimed beyond overthrowing Díaz. They wanted not just reforms but a whole new, more just society.

Ricardo y Enrique Flores Magón

Ricardo y Enrique Flores Magón hicieron mucho para crear una conciencia revolucionaria entre los mexicanos y los chicanos a principios de este siglo. Fueron editores de **Regeneración** y otros periódicos, organizaron el Partido Liberal Mexicano y también varias rebeliones armadas. Fueron expulsados del país por Díaz y continuaron su trabajo en los Estados Unidos, donde otra vez los persiguieron.

Dolores Jiménez y Muro, escritora y luego coronela, fué una de los miles de mexicanos que se unieron a una lucha destinada no sólamente a derrocar a Díaz. Era una lucha que quería crear un nuevo orden social más justo, y no solamente algunas reformas.

Dolores Jiménez y Muro

Street demonstration
Print by José Guadalupe Posada

¡JUSTICIA!

La tiranía de Díaz mató brutalmente a sus enemigos en la ciudad y en el campo. Francisco Madero encabezó una campaña democrática en contra de Díaz. Pronto se convirtió en lucha armada. Cuando fueron encontrados y atacados unos maderistas en Puebla, la familia Serdán respondió con los "primeros tiros". La Revolución estaba en marcha, en 1910.

Carmen Serdán

The Díaz tyranny brutally killed its opponents, in city and countryside. The democratic campaign against Díaz, led by Francisco Madero, soon deepened into armed struggle. When Madero supporters were discovered and attacked in Puebla, the Serdan family fired the famous "first shots." The revolution was underway, in the year 1910.

55   Madero, grabado de Posada

La milpa fué trinchera

●

The cornfield was the battlefield

La nación se fue a la guerra. "¡Viva Madero!" era su grito, y también "¡Tierra y Libertad!" Las fuerzas populares llevaron a Madero al poder. Pero Madero, demócrata moderado, no pudo ni negar, ni conceder, ni contener la demanda urgente: Tierra y Libertad. Los mexicanos ricos y los intereses gringos trataron de sofocar la revolución con el golpe de estado de Huerta. Pero no pudieron. Hombres y mujeres valientes lloraron por la muerte de Madero, y se alzaron de nuevo en armas contra Huerta. Su grito era más fuerte que nunca:

¡Tierra y Libertad!

Ciudad Juárez: Sniper/Francotirador

Pequeños ejércitos aparecieron en todas partes
Little armies went into action all over México

Federales/federal troops

Huerta en un banquete

Mexico went to war. "Viva Madero" was the battle-cry, and also "Tierra y Libertad! "– Land and Freedom. The people quickly brought Madero to power. But the moderate Madero could not grant, nor deny, nor contain, their urgent demand: Land and Freedom.

The Mexican ruling class and U.S. interests tried to control the revolution with a coup headed by Huerta. They failed. Brave men and women wept for the murder of Madero, and then again took up arms–this time against Huerta. Their cry was stronger than ever:

Land and Freedom!

Below--they wept for Madero, murdered by Huerta
Maria "Pistolas" (left) and Francisco Villa (right)
Abajo--lloraron por Madero, asesinado por Huerta

El Ejército Libertador del Sur, en el campo, y en un desfile
The army led by Zapata, in the field and in a parade (below)

LA TIERRA ¡SOLO LA TIERRA!

La tierra, ¡sólo la tierra!
El indio se levantó
por reconquistar la tierra
que el hacendado usurpó

Zapata, el jefe suriano,
apóstol de convicción,
era la voz de la tierra,
su voz de liberación.

Ya conocen mi bandera,
muy sencilla es mi programa;
tierra, libertad y escuelas
el campesino reclama.

y si acaso no cumplimos
lo que ya se prometió
se irá otra vez a las armas
de nuevo a la rebelión.

58

¡QUE VIVA ZAPATA!

Emiliano Zapata

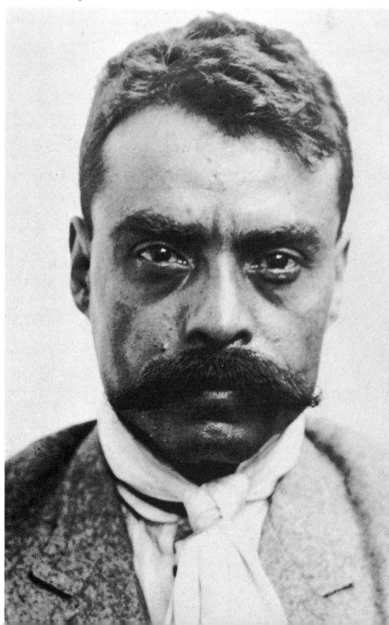

THE LAND, ONLY THE LAND!

The land, only the land!
The Indian rose in arms
in the fight to get back the land
that the landlords had taken away.

Zapata, the southern leader,
was a prophet of firm belief,
his voice was the voice of the land
his voice was the voice of freedom.

You know the flag that I fly
and my program is simple, he said
land, liberty, and schools—
these are the peasant's demands

And if somehow we fail to receive
that which has already been promised
we'll rise up with our arms again
59 we'll rise in rebellion once more.

Francisco "Pancho" Villa

Trains were an elusive base-camp and effective weapon of the famous Northern Division, commanded by Francisco "Pancho" Villa.

La División del Norte realizó campañas increíbles con sus trenes.

¡VIVA VILLA!

Aquí está Francisco Villa
con sus jefes y oficiales
es él que viene a ensillar
a las mulas federales.

Here comes Francisco Villa
with his officers and chiefs
to do some mule breaking
on those Federal troops.

Entró a Chihuahua y Torreón,
Zacatecas y otras tierras
y en todas se hizo famoso
por sus hazañas guerreras.

In Chihuahua and Torreón,
Zacatecas and other places,
everywhere he's famous
for his victories and his deeds.

¡Madre mía Guadalupana,
quien no hincará rodilla
para darte muchas gracias
por las hazañas de Villa!

Virgin of Guadalupe,
who wouldn't bend a knee
to say thanks for Pancho Villa
and his victorious fight?

Tiene un gran corazón
el famoso guerrillero
y todo el Norte lo quiere
y lo cuida con esmero.

The famous guerrilla fighter
has a very big heart
the whole North loves him
and shields him from harm.

Vuela, vuela palomita,
vuela en todas las praderas,
y dí que Villa ha venido
a hacerles echar carreras.

Fly, fly, little dove,
fly over all the prairies,
say that Villa is coming,
and the enemy's on the run.

60

¡VIVA LA MUJER !

La fuerza de una revolución se puede juzgar por el papel que la mujer toma en ella. Millones de mexicanas lucharon de diferentes modos. Las campesinas acompañaron a sus hombres con sus niños y metates a cuestas. Empuñaron armas a veces vestidas de hombre. Muchas llegaron al grado de coronel. Mujeres de la clase media militaron en organizaciones políticas, como la Brigada Socialista Femenil. Todas vieron su propia liberación como una parte inseparable de la lucha de su pueblo.

•

The strength of a revolution can be judged by the role women take in it. Millions of Mexican women fought in many ways. Countrywomen went beside their men, with children and cooking-gear on their backs. They took up arms, sometimes disguised as men, and many reached the rank of Colonel. Middle-class women joined political groups such as the Women's Socialist Brigade. All saw their own liberation as an integral part of the revolutionary struggle of their people.

Valentina Ramirez

LAS "SOLDADERAS"

And now the rebel army
has done a thousand deeds,
they've taken town after town,
to everyone's surprise.

But no one should be surprised
when a sovereign people
take rifles in their hands
and dare to do anything, anything

Y el ejército insurgente
mil proezas realizó;
plaza tras plaza tomó
y asombro fué de la gente.

Mas nadie asombrarse debe
cuando un pueblo soberano
aprieta el fusil en la mano
y a todo, a todo se atreve

La valiente jefe revolucionaria, Carmen Robles, con su Estado Mayor

The brave revolutionary leader, Carmen Robles, with her General Staff

Now you can see a column
galloping up the road.
They wear the night for a cloak,
they carry the moon for a shield.
They go to find victory and glory,
they go to better their lot.

The fair-skinned one and her people
are digging a makeshift trench.
Although she's a woman, her rank
is colonel, and her braids
don't get in the way of her stars.

I leave you now, destiny takes me,
I don't want to go on being a slave.
I'm moving along a new road
that the Revolution is opening.
If I come back, I'll come back in freedom
and no longer fatten a boss.

Three Women of the Revolution

Camino arriba se mira
cabalgar una columna;
por capa lleva a la noche
y por escudo a la luna;
va tras el triunfo y la gloria
para ennoblecer su cuna.

La Güera y su gente
improvisa sus trincheras;
aunque es mujer tiene el grado
de coronel; y sus trenzas
no han impedido que ostente
con orgullo sus estrellas.

Ya me voy; ya me lleva el destino
ya no quiero seguir siendo peón;
voy siguiendo otro nuevo camino
que va abriendo la Revolución;
y si vuelvo, seré un campesino
que no engorde más al patrón.

1914

VICTORIA

Y GRAN

PROMESA

Villa y Zapata
en el Palacio
Nacional

1914 - VICTORY AND HIGH HOPES

Mexico City,
Sanborn's
Restaurant:
Zapatistas
comiendo/
eating

Diego Rivera

Por cumplir del obrero los planes
no se vale que nadie se raje
se les dice a los ricos y holgazanes
'El que quiere comer, que trabaje.'

Ya la tierra está destinada
para aquel que la quiere explotar
Se acabó la miseria pasada
cualquier hombre puede cultivar.

Cuando el pueblo derrocó a los reyes
y al gobierno burgués mercenario
e instaló sus consejos y leyes
y fundó su poder proletario.

To fulfill the workers' plans
it's going to take all of us.
To the rich and the lazy we say:
if you want to eat, you must work.

Now the land will go
to those who want to work it.
Past poverty is gone,
now anyone can farm.

The people drove out the kings
and the mercenary bourgeois rulers.
They've set up their councils and laws
and established the workers in power.

Marines in Vera Cruz, April 1914

INVASIONES GRINGAS - U.S. INVASIONS

Durante la Revolución mexicana, el gobierno de los Estados Unidos mantuvo la cuarta parte de su ejército en la zona fronteriza. Para "proteger sus intereses" mandó la flota a Veracruz en 1914. Los gringos de nuevo mataron a mexicanos.

En 1916, Pancho Villa invadió la población fronteriza de Columbus, Nuevo México. El general Pershing comandó una "expedición de castigo" que nunca halló a Villa, pero sí mató a cientos de mexicanos. Pershing era veterano de las campañas para matar indios.

During the Revolution, the U.S. government kept one quarter of its army on the Mexican border. To "protect U.S. interests," it sent the fleet to Veracruz, and once again U.S. marines massacred Mexicanos.

In 1916, Pancho Villa invaded the border town of Columbus, New Mexico. General Pershing commanded the punitive expedition which never found Villa but did murder hundreds of Mexicans. Pershing was a veteran of campaigns to kill Indians in the U.S., as a member of the 6th Cavalry at Fort Assiniboine.

Vera Cruz 1914: U.S. sailors and their victims/
marineros yanquis y algunas de sus víctimas

Columbus, N.M.: After Villa's raid/después del ataque villista

Villa

Gringos malditos patones
huerotes patas de perros,
que mandan de sus naciones
a México sus cruceros.

    El petróleo y la plata les atraen,
    y las maderas finas y el maíz
    y las frutas maduras que se caen,
    y las bellas mujeres del país.

        No importa que venga Pershing
        con soldados americanos
        para que sepa lo que son
        los patriotas mexicanos!

Accursed bigfoot gringos
big light-skinned dogfoot curs
who send battleships and soldiers
down to Mexico.

    They want oil, they want silver,
    they want precious woods and corn,
    they want ripe fruits that are falling
    and they want our women, too.

        Well, let Pershing come on down
        with all his gringo soldiers,
        let him come here and find out
        how our people bravely fight!

69 Brig. General John J. Pershing

Tropas de Pershing en México/Pershing's troops in Mexico

Ambassador Dwight Morrow at banquet in Mexico.

Obregón y Calles,
jefes del estado a
fines de la revolu-
ción / heads of
state at the end of
the Revolution.

Again, repression...
Otra vez, la represión...

"PEACE" - "PAZ"

The people's struggle led to a new Constitution, in 1917, which was progressive in some ways. But the rich had already begun to restore their control. They did not openly say they were against the revolution; the people would not have accepted that. Instead, they put on new faces and claimed to govern in the name of the Revolution. They got the support of big Wall Street men like Ambassador Dwight Morrow. The U.S. would never have supported Zapata and Villa -- both of whom were assassinated.

Since then, despite major reforms made in the 1930's Mexico has remained a country in which great wealth is produced but very little goes to the people. A lot of it goes to U.S. capitalists, whose domination of Mexico's economy is part of el imperialismo yankee. As a result, millions of Mexican peasants have been unable to make a living on the land and have moved to city slums--or to the U.S. This migration grew enormously between 1910 and 1930, as we will see. Many Mexicanos who came here remembered the revolution in which they fought. Its promise was frozen by forces which are the common enemy of Mexicanos and Chicanos--forces which we will someday defeat.

La lucha del pueblo mexicano resultó en una nueva constitución en 1917, la cual fue progresiva en alguna forma. Pero los ricos ya habían comenzado a restaurar su control. No dijeron abiertamente que no apoyaban la revolución porque la gente no lo hubiera aceptado. En su lugar se pusieron nuevas caras y decían que gobernaban en nombre de "la revolución". Consiguieron el apoyo de grandes hombres de Wall Street como Dwight Morrow. Los E.U. nunca hubieran apoyado a Zapata y Villa, los cuales fueron asesinados.

Desde entonces, a pesar de grandes reformas hechas en los años 1930, México sigue siendo un país en el cual se producen grandes riquezas de las que muy poco llega al pueblo. Mucha de la riqueza va para los capitalistas de los E.U. La dominación de la economía mexicana por los E.U. es parte del imperialismo yanqui. Como resultado, millones de campesinos mexicanos no han podido ganarse la vida trabajando la tierra y han tenido que mudarse a la ciudad, formando cinturones de miseria, o a los E.U. Esta migración creció enormemente entre 1910 y 1930, como veremos. Muchos mexicanos que se vinieron a los E.U. recuerdan de la revolución en la que ellos pelearon. La promesa de la revolución fue traicionada por fuerzas que son enemigas comunes de Chicanos y mexicanos—fuerzas que derrotaremos un día.

Cola para comprar carbón/people waiting in line to buy charcoal

Protests against economic and political conditions after the revolution

Podemos ver en los precios
la suerte de la Revolución
venden la leche por onzas
y por gramos el carbón.
Ya no comemos gallinas
ni tampoco guajolotes
ya escondieron todo el maíz
nos dejaron los elotes.

También el pan y tortillas
dan caro sin compasión
siete tortillas por medio
diez galletas un tostón
Dan cinco chiles por medio
diez jitomates tostón.

La cucaracha, la cucaracha
ya no puede caminar
porque no puede y ya no quiero
tantas plagas aguantar.

●

The grocery store prices show clearly
what's become of the Revolution.
They sell milk by the ounce
and charcoal by the gram.
We no longer eat chicken
or turkey either.
They've hoarded all the corn
and left us only cobs.

Also bread and tortillas
sell at a pitiless price,
7 tortillas or 10 crackers
is all half a peso will buy,
or you could buy 10 tomatoes
or 5 little chilis at that price.

Now the cockroach, the cockroach
can't keep on going any more.
He can't, and I won't
put up with all these troubles.

71

Mientras se peleaba la revolución en México, sucedían cambios importantes en los E.U. La victoria del norte en la guerra civil (1865) había dado el control a los capitalistas industriales. Habían sacado inmensas ganancias de contratos de guerra, y éstas les sirvieron para agrandarse. Como resultado, se creó en el sudoeste una gran demanda por la labor barata en los ferrocarriles, en las minas, y especialmente en los ranchos de frutas y vegetales.

Se necesitaban muchas manos para hacer ese trabajo duro, bajo el sol caliente del desierto. Negros, asiáticos y otros proporcionaron algunas de esas manos pero no lo suficiente. Sonó el grito: ¡traigan mexicanos!

Desde los años 1500, habíamos estado migrando hacia lo que ahora son los E.U. Dada la nueva demanda de labor barata, además de las malas condiciones económicas de México, llegamos en números cada vez más crecientes—muchas veces bajo contrato. Desde 1900 a 1940 nuestra gente construyó del sudoeste un imperio económico que valía billones de dólares. Ese imperio era una parte íntegra del nuevo imperio de los E.U. que estaba surgiendo en esos años.

While the Revolution was being fought in Mexico, important changes were taking place in the U.S. The victory of the North in the Civil War (1865) had given control to the capitalists of industry. They had made fantastic profits from war contracts, which they used to expand. As a result, there was a big demand for cheap labor on the railroads, in the mines, and especially in truck farming (fruits and vegetables) of the Southwest.

Many hands were needed to perform this backbreaking labor under the blazing desert sun. Asians, Blacks and others provided some of those hands but not enough. The cry went out: "Bring Mexicans!"

Since the 1500's, we had been migrating to what is now the U.S. With the new demand for labor, plus the bad economic conditions in Mexico, we now came in even greater numbers–often under contract. Between 1900-1940, our people built the Southwest into an economic empire worth billions of dollars and controlled by a few ricos. That empire was a vital part of the whole new U.S. empire which emerged in those same years.

Desde Morelia vine enganchado
ganar los dólares fue mi ilusión
compré zapatos, compré sombrero
y hasta me puse pantalón.

Y ahora me encuentro
ya sin resuello
soy zapatero de profesión
pero aquí dicen que soy camello
y a puro palo y puro azadón.

●

I came under contract
from Morelia
Earning dollars was my dream
I bought shoes and I bought a hat
And even put on trousers.

And now I'm overwhelmed
I am a shoemaker by trade
But here they say I'm a camel
And only good for pick and shovel.

BUT THE POOR
OF MEXICO
WERE WANTED
UP NORTH

LOS YANQUIS NOS QUERIAN

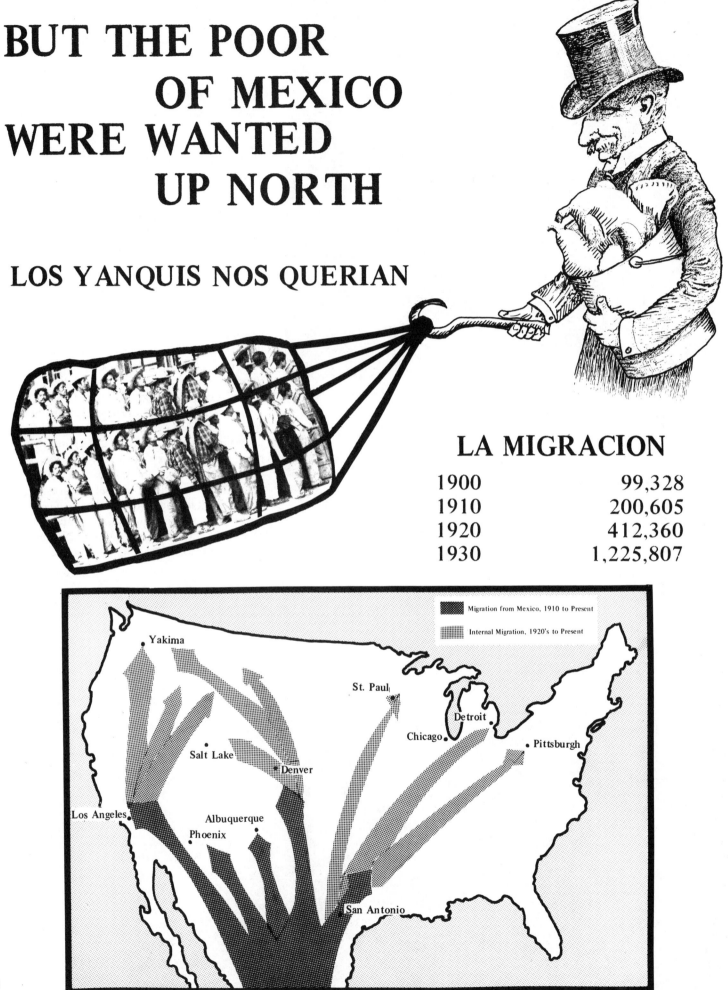

LA MIGRACION

1900	99,328
1910	200,605
1920	412,360
1930	1,225,807

Migration from Mexico, 1910 to Present

Internal Migration, 1920's to Present

Metcalf, Arizona

We built
and
we worked:

THE RAILROADS

In the early 1900's, railroads were the main employer of Mexicano labor. We were recruited by the thousands, and we made up 70% to 90% of the work force on the western railway lines. Some of us became boiler-makers and machinists but racism put most of us in the worst jobs on **el traque**--even if we had had experience in Mexico. Whenever a construction job ended, the crew was released on the spot. As a result, we found ourselves living in new places like Chicago and Watts. Thus the railroads created new barrios.

Comenzando en 1880, constituimos de 70% a 90% de los trabajadores en las líneas de ferrocarril en el oeste. Al principio de los años 1900, los ferrocarriles eran la principal fuente de empleos de obreros mexicanos. Eramos alistados por millares. Algunos de nosotros conseguimos trabajo de maquinistas y caldereros, pero el racismo obligó a muchos de nosotros a hacer trabajos inferiores en el "traque" aún cuando habíamos tenido experiencia en México. En cuanto se terminaba la construcción de una línea se despedía a los trabajadores. Como resultado, nos encontrábamos viviendo en nuevos lugares como Chicago o Watts. Así fue como los ferrocarriles nos llevaron por todos los Estados Unidos.

Laying track/
poniendo traque
Santa Fe Central
Railway – 1903

Construimos y Trabajamos:
LOS FERROCARRILES

Albuquerque, N.M.: Mexicano boiler-maker/calderero

Topeka, Kansas: Mexicanos in a locomotive shop

Albuquerque, N.M.: Atchison, Topeka & Santa Fe R.R. pipe-fitter/armador de tubos mexicano

1916: Waldron, Texas quicksilver/mercurio mine--12 hrs. work, $1.00

We worked:

THE MINES

And we made the owners rich while we stayed poor

Billions of dollars in profits have been made from the copper, silver and other mineral deposits of the Southwest. Mexicanos discovered many of these mines and then worked them, for pay that was miserably low--always lower than the Anglo's. We "immigrants" were often excluded from skilled jobs. We had to work underground where it was very dangerous and others refused to go. We also worked huge open-pit mines like the famous one in Santa Rita, N.M., now owned by Kennecott.

> Brother miner,
> Doubled over, under the earth's
>   weight
> your hand errs
> when it takes metal for money.
> Make daggers
> from all those metals
> and thus you will find
> that all metals will then be
> your own.
>   Gutiérrez Cruz

Waldron Quicksilver Mine--the extracting furnace/ horno

Trabajamos:

LAS MINAS

Se han hecho billones de dólares en ganancias de los ricos depósitos de cobre, plata y otros minerales del sudoeste. Fueron mexicanos los que descubrieron muchas de estas minas y después las trabajaron por un pago miserable... siempre menos que el pago del anglo. A nosotros los "inmigrantes" muchas veces nos excluían de los trabajos mejores y nos ponían a trabajar abajo de la tierra donde era peligroso y otros no querían ir. También trabajamos en grandes minas de cobre abiertas.

Compañero minero,
doblegado bajo el peso de la tierra,
tu mano yerra
cuando saca metal para el dinero.
Haz puñales
con todos los metales,
y así
verás que los metales
después son para tí.
-- Gutiérrez Cruz

Ruth, Nevada - Open-pit copper mine / mina abierta de cobre

Hicimos ricos a los dueños
-- no a nosotros

Mogollon, N.M.
Mina de oro
Gold-mine

Trabajamos en las selvas urbanas

El 28 de abril
A las seis de la mañana
Salimos en un engancho
Para el estado de Pensilvania.

Adiós estado de Texas,
Con tu vas tu plantación
Yo me voy para Pensilvania
Por no piscar algodón

Al llegar al steel mill worque,
Que vemos la locomotora
¡Y salimos corriendo
Ochenta millas por hora!

We worked in the city jungles

About 1916, Mexicano workers began to appear in the Chicago industrial area where we worked first as railroad trackmen and later in the steel mills, meat packing plants, etc. We went to Detroit in 1918 to work in the auto industry. Hundreds of us were brought to Pennsylvania under contract by the Bethlehem Steel Co. All these urban areas seemed to our people like noisy, fearsome jungles--with the same old racism and exploitation.

•

Cerca de 1916, comenzaron a llegar trabajadores mexicanos a la zona industrial de Chicago, donde trabajamos primero en el 'traque' y más tarde en las fábricas de acero, las empacadoras de carne, etc. Fuimos a Detroit en 1918 para trabajar en la industria de autos. Fuimos a Pennsylvania bajo contrato con la compañía Bethlehem Steel. Estas zonas urbanas nos parecían selvas, llenas de ruidos y de miedo, con el mismo racismo y explotación que ya conocíamos.

78

WE GREW THE FOOD YOU ATE...

But our work made others rich

Espinaca/Spinach
Robstown, Texas

NOSOTROS PRODUCIMOS LA COMIDA...

Pero nuestra labor hizo ricos a los dueños

Carrots/Zanahoria
Edinburgh, Texas

Alamo, Texas

CABBAGE - COL

TOMATE

Grandmother of migrant family
Abuela de familia migrante
Santa Clara, California

LECHUGA LETTUCE

Yuma County,
Arizona

Chopping with short - handled hoe. Treasure C'ty, Montana

Cortando con la azada corta

BETABEL   SUGAR BEET

Canyon County, Idaho

We grew the food

POTATOES
PAPAS

Rio Grande,
Colorado

Elsa, Texas

BROCCOLI
BROCULI

Cosechamos la comida

RADISH/RABANO

Robstown, Texas

CARROTS

EDINBURGH, TEXAS

ZANAHORIA

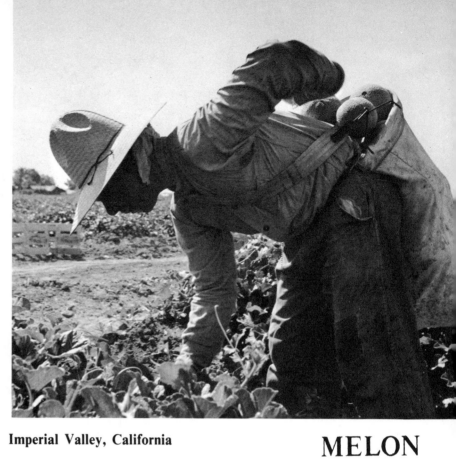

Imperial Valley, California

MELON

ESPINACA

La Pryor, Texas

GRAPES

Weslaco, Texas

(c)George Ballis

PEPPERS

HOPS JAPE

Below/abajo

Yakima, Washington

PECANS

San Antonio, Texas
Shelling/quitando la cáscara

Yo pregunto a
            los presentes
si no se han puesto
            a pensar
que esta tierra es
            de nosotros
y no de los que
            tengan más

COTTON

ALGODON

"Testifying before Congressional committees in the 'twenties, the principal employers of Mexican labor in the Southwest presented facts and figures showing that Mexicans had been a vital factor in the development of agricultural and industrial enterprises valued at $5,000,000,000."

Carey McWilliams, North from Mexico

"En su testimonio ante los comités congresionales durante los años 20, los principales patrones de la labor mexicana en el sudoeste presentaron documentación mostrando que trabajadores mexicanos habían constituído un factor esencial en el desarrollo de empresas agrícolas e industriales valuadas a $5,000-000,000."

Carey McWilliams, Al norte de México

I ask you
            who are present
if you haven't
            begun to think
that this land
            belongs to us
and not to
            those who have more

87 Left/izquierda: San Joaquín Valley, Cal. - 1936

Del trabajo a "casa"

Ditch-bank housing
for Mexicans.
Imperial Valley,
California

Casas al lado de una acequia

Housing for hop-
pickers. Yakima,
Washington

Arriba, casas para trabajadores del jape

Abajo, casas para migrantes

Migrant housing,
Ed Couch, Tex.

From work, we went "home"

Casas para trabaja-
dores de zanahoria/
Housing for carrot
workers, Imperial
Valley, California

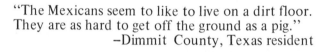

"The Mexicans seem to like to live on a dirt floor. They are as hard to get off the ground as a pig."
—Dimmit County, Texas resident

"The Mexicans are satisfied to live anywhere...Our intensive labor and short seasons make standard housing prohibitive for the Mexicans with their large families. We couldn't employ Mexicans at the housing standards of others."
—A grower in the Imperial Valley

"Parece que a los mexicanos les gusta vivir en un suelo de barro. Se quedan allí como los marranos."
-- Habitante del condado de Dimmit, Tex.

"Los mexicanos están satisfechos con vivir en cualquier lugar...Nuestra labor intensa y las estaciones cortas hacen imposible tener viviendas adecuadas para los mexicanos con las familias grandes que tienen ellos. No podríamos emplear a los mexicanos si les diéramos viviendas como las de otra gente."

Casas para trabajadores
de la fruta cítrica/

Housing for citrus fruit
workers. Tulare County,
California

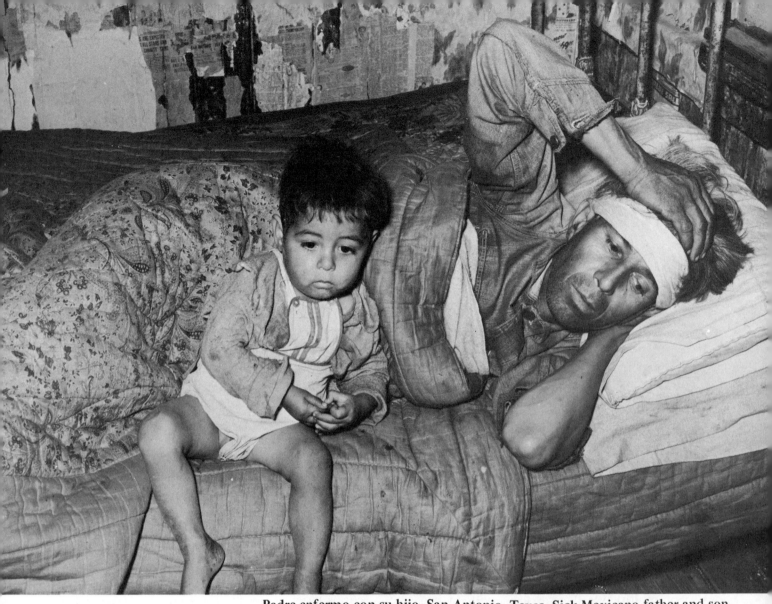

Padre enfermo con su hijo--San Antonio, Texas--Sick Mexicano father and son

AFTER SUCH A LIFE...

"We feel toward the Mexicans like the old southerners toward the Negroes. We take care of them and look out for them when they are ill."

    --Woman of Dimmit Cty, Tex.

DESPUES DE UNA VIDA COMO ESTA

"Miramos a los mexicanos como los del sur miraban a los negros. Nosotros los ayudamos y los atendemos cuando están enfermos."

    – Residente del condado Dimmit, Tex.

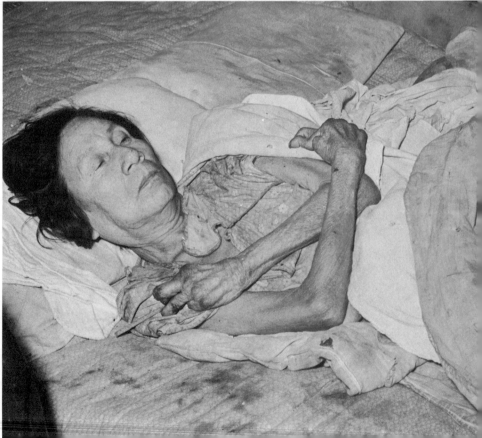

Mexicana de Crystal City, Texas

La Compañía de Tranvías
con su afán de lucro insano
desprecia las energías
del obrero mexicano.

Abajo ese rico insano
que el pobre quiere moler
que vivan los sindicatos
que nos han de defender
                    Corrido

The streetcar company
with its insane desire for
                        profit
despises the strengths
of the Mexican worker.

Down with that crazy
                    rich man
that the poor want to crush
long live the unions
that must defend us!
                    Ballad

The conditions and exploitation faced by our workers had to produce rebellion. We have a long history of struggle, which has never been recognized in U.S. labor history. There were strikes of vaqueros and of railroad workers in the 1800's. In the early 1900's, Chicano streetcar trackmen went on strike repeatedly in Los Angeles. But the big wave came in 1920-30, when our agricultural workers struck in Arizona, California, Colorado, Michigan, Idaho, Washington. In the Imperial Valley, 5,000 walked out...then 7,000 in Los Angeles County...and so on.

Strong organizations, such as the Confederación de Uniones Obreras and La Liga Obrera, led these struggles. The bosses crushed them with violence and also by deporting leaders. Our miners also faced heavy repression. Never have our people fought more bravely.

La explotación y las condiciones en las que nuestra gente trabajaba sólo podrían llevarlos a la rebelión. En los años 1800 hubo huelgas de vaqueros y de ferrocarrileros. Al principio de los años 1900, trabajadores chicanos de los tranvías se declararon en huelga en Los Angeles. Pero la gran ola de protestas llegó en los años 20 y 30, cuando miles de trabajadores campesinos hicieron huelgas en California y en seis otros estados. 5,000 aquí, 7,000 allá, y así siguió...

Organizaciones fuertes de nuestros trabajadores, como la Confederación de Uniones Obreras y La Liga Obrera encabezaron estas acciones. Los dueños las aplastaron con violencia y también con la deportación de los líderes. Los mineros también sufrieron una intensa represión. Nuestro pueblo nunca ha luchado con más valor que en esos años.

SEEDS OF REVOLT

Ricardo Flores Magón, the Mexican revolutionary, had much influence on our workers in the U.S. When he was exiled by Díaz, he settled in Los Angeles. Because of his radical activities, he was sent to prison in Leavenworth, Kansas. On Nov. 22, 1918, a guard strangled him. Thousands of workers here and in México mourned his death.

Another big influence was the I.W.W.(International Workers of the World, called Wobblies), the only Anglo union that had success in organizing our people. Joe Hill of the IWW fought with the Magón forces in Mexico, it is said. The IWW helped to organize the Wheatland, Cal. strike of hops pickers, who included many Chicanos.

Ricardo Flores Magón

A BIRD THAT LAYS SUCH ROTTEN EGGS IS LONG OVERDUE FOR EXTINCTION

I.W.W.
INDUSTRIAL CODE

4 hr. Day (Jobs for Everyone)
Security of Income
Abolition of the Wage System
Production for USE and not for PROFIT
A New Social Order Based on the Scientific Administration of Industry
ABUNDANCE for Workers
NOTHING for Parasites

WAKE UP!
LONG HOURS
POVERTY
WAGE SLAVERY
JOIN the I.W.W.

Símbolos y carteles de la IWW
IWW symbols and posters

SEMBRADORES

Ricardo Flores Magón, el revolucionario mexicano, grandemente influyó a nuestros trabajadores en los E.U. Cuando fue exilado por Díaz, se estableció en Los Angeles. Por causa de sus actividades radicales, fue condenado a la prisión de Leavenworth, Kansas. El 22 de noviembre de 1918, un guardia lo estranguló. Miles de trabajadores lloraron su muerte.

Otra influencia fue la I.W.W. (Trabajadores Internacionales del Mundo), la única unión angla que pudo organizar a nuestra gente. Se dice que Joe Hill de la IWW luchó con las fuerzas de los Magón en México. La IWW ayudó a organizar la huelga de Wheatland, Calif. de los trabajadores de 'jape'.

Abajo/below: Wheatland, Cal. - Aug. 3, 1913. Day before strike/día antes de la huelga

THE MINERS OF ARIZONA 1915-17

"I would repeat the operation any time I find my own people endangered by a mob composed of 80 percent aliens and enemies of my government."
-- Sheriff Harry Wheeler, Bisbee

Arizona - July 12, 1917: Strikers being marched to Bisbee by vigilantes/ los huelguistas en la marcha forzada a Bisbee, para ser deportados

Our miners in the Clifton-Morenci area of Arizona went on strike in 1915. Then miners all over the state, organized by the IWW, struck in 1917. This was during World War I, so the bosses said the Wobblies were agents of Germany. A huge mob of vigilantes then rounded up 1,200 strikers as "enemy aliens," forced them to walk to Bisbee, and loaded them on cattle cars. They took the strikers across the state line and abandoned them in a New Mexico desert, without food or water for days.

LOS MINEROS DEPORTADOS

En 1915, nuestros mineros en el área de Clifton-Morenci de Arizona se declararon en huelga. En 1917, mineros por todo el estado, organizados por la IWW, se declararon en huelga. Esto fue durante la primera guerra mundial, así que los patrones dijeron que los "Wobblies" (los del sindicato) eran agentes alemanes. Un grupo grande de vigilantes agarraron a 1,200 huelguistas, les llamaron "enemigos extranjeros", los forzaron a caminar hasta Bisbee, y los tiraron en carros de ganado. Los llevaron a través de la línea del estado y los abandonaron en el desierto de Nuevo México sin comida ni agua.

Los mineros contra Rockefeller Ludlow, Colorado 1913-14

Tent camp of striking miners/las carpas donde vivían los huelguistas

Los mineros de carbón de Colorado vivían como esclavos personales de los dueños, en especial en la Colorado Fuel & Iron Co. de John D. Rockefeller. Aunque eran de diferentes grupos nacionales, incluyendo chicanos, los mineros se unieron. Una de los principales organizadores era la "Madre Jones", que también trabajó para poner a los hermanos Magón en libertad. En 1913, 12,000 mineros se declararon en huelga. Todos fueron echados de las viviendas miserables de la compañía y tuvieron que vivir en carpas. Guardias armados de la compañía los atacaron. Entonces vino el 20 de abril de 1914...

Below: women march for strike and Mother Jones arrested/marcha de mujeres y 'Madre Jones' bajo arresto

IS COLORADO IN AMERICA?

MARTIAL LAW DECLARED IN COLORADO!

HABEAS CORPUS SUSPENDED IN COLORADO!

FREE PRESS THROTTLED IN COLORADO!

BULL-PENS FOR UNION MEN IN COLORADO!

FREE SPEECH DENIED IN COLORADO!

SOLDIERS DEFY THE COURTS IN COLORADO!

WHOLESALE ARRESTS WITHOUT WARRANT IN COLORADO!

UNION MEN EXILED FROM HOMES AND FAMILIES IN COLORADO!

CONSTITUTIONAL RIGHT TO BEAR ARMS QUESTIONED IN COLORADO!

CORPORATIONS CORRUPT AND CONTROL ADMINISTRATION IN COLORADO!

RIGHT OF FAIR, IMPARTIAL AND SPEEDY TRIAL ABOLISHED IN COLORADO!

CITIZENS' ALLIANCE RESORTS TO MOB LAW AND VIOLENCE IN COLORADO!

MILITIA HIRED TO CORPORATIONS TO BREAK THE STRIKE IN COLORADO!

THESE are absolute facts and are not the only outrages that have been perpetrated in Colorado in the name of law and order. It has been charged and never successfully denied that the corporations contributed $15,000.00 towards the election of the present Republican administration, but Governor Peabody has been unable to "DELIVER THE GOODS."

THE unions have not been nor can they be abolished, and before the strikes in Colorado are settled, we will have demonstrated the right to organize for mutual benefit. The eight hour day as decreed by over forty thousand majority of the voters will be established.

IF you desire to assist the striking Miners, Mill and Smeltermen of the Western Federation of Miners of Colorado in this battle for industrial and political freedom, send donations to Wm. D. Haywood, Sec'y-Treas. 625 Mining Exchange Denver, Colorado.

Charles Moyer — — *Wm. D. Haywood*

Llegada de tropas/troops arriving

The miners of Colorado were treated like personal slaves by the owners, especially at the Colorado Fuel & Iron Co. of John D. Rockefeller. They were of different national groups, including Chicanos, but they united. One of the main organizers was Mother Jones, who also worked to free the Magón brothers. In 1913, 12,000 miners went on strike. They were evicted from their company-owned hovels and forced to live in tents set up by the union. Armed company guards attacked them. Then came April 20, 1914...

The Miners against Rockefeller

John D. Rockefeller

A las 10 de la mañana, la milicia del estado y guardias de la compañía comenzaron a disparar directamente a las carpas y a incendiarlas. De las 18 personas que mataron, la mitad eran chicanos y muchos eran niños que habían sido quemados. La masacre a sangre fría de Ludlow fue dirigida por un veterano de la matanza de Wounded Knee.

Llegaron mineros de otros lugares y mataron a muchos guardias de la compañía. Por fin se mandó el ejército de los E.U. para hacer la "paz". Los dueños de las minas todavía se negaron a aceptar las demandas de los obreros.

At 10 A.M., state militiamen and company guards began shooting directly at the tents and setting them on fire. Of the 18 people killed, half were Chicanos and many were children who had been burned to death. The cold-blooded Ludlow Massacre was directed by a veteran of the Wounded Knee slaughter.

Enraged miners from other places came and killed many company guards. Finally the U.S. Army was sent in to bring "peace." The mine-owners, their hands covered with blood, still refused the workers' demands, even after President Wilson appealed to them.

Ruins of tent-camp after attack/ruinas del campamento después del ataque

Of the 18 victims: *
Elvira Valdez (3 mos.)
Mary Valdez (age 7)
Eulala Valdez (age 8)
Rudolph Valdez (age 9)
Gloria Pedregon (age 4)
Roderlo Pedregon (6)
Patricia Valdez
Lucy Costa (age 4)
Onafaio Costa (age 6)
Cedilano Costa
Charles Costa

* The exact names may not have been recorded correctly/no se sabe si los nombres fueron notados correctamente.

96

LOS ROCKEFELLER TODAVIA TIENEN
LA COLORADO FUEL & IRON CO.
HUBO UNA HUELGA ALLA RECIENTE-
MENTE. ¡ACUERDENSE DE LUDLOW!
•
THE ROCKEFELLERS STILL OWN THE
COLORADO FUEL & IRON CO., WHERE
A STRIKE TOOK PLACE RECENTLY...
REMEMBER LUDLOW!

Funeral march - Trinidad

Funeral,
Trinidad, Colo.

Below/abajo: Miners who came after the massacre/mineros que vinieron después de la matanza

Strikers living in tents provided by Cannery and Agricultural Workers Union/huelguistas viviendo en carpas proveídas por la unión de ellos.

15,000 cotton workers, mostly Raza, went on strike in the San Joaquín Valley, Calif. in 1933 to protest a pay rate of 60¢ per 100 pounds as well as racism, bad housing, etc. As usual, the growers evicted the strikers, who went to live in tents set up by the union. On Oct. 10, growers ambushed workers leaving a meeting. They killed Delfino Dávila and Dolores Hernández, and wounded others. Police called it the "Pixley riots" and arrested the strike leaders.

●

15,000 pizcadores de algodón casi todos Raza, se declararon en huelga en el Valle de San Joaquín en 1933, en protesta por los sueldos de 60 centavos por 100 libras y también por viviendas malas y racismo. Como siempre, los dueños expulsaron a los huelguistas que fueron a vivir en carpas de la unión. El 10 de octubre de 1933, los dueños atacaron a los huelguistas cuando salían de una junta. Mataron a Delfino Dávila y Dolores Hernández e hirieron a otros. La policía llamó al ataque "los motines de Pixley" y arrestaron a los líderes de la huelga.

Huelga en el Valle de San Joaquín, California -- 1933

98

Trabajadores de algodón en huelga/cotton workers on strike

"RIOTS" AT PIXLEY

Strikers meeting while bosses wait to attack/Junta de huelguistas mientras los patrones esperan atacar

Pixley, California
Oct. 10, 1933
Una de las víctimas del ataque
de los patrones y rompe-huelgas
One of the victims of the attack
by the growers and strikebreakers

99

THE GREAT PECAN STRIKE

Miles de mexicanos trabajaban en la industria de la nuez en San Antonio. Las condiciones de trabajo eran terribles. Cuando cortaron los sueldos en 1938, los trabajadores se declararon en huelga en 130 plantas bajo el liderato de Emma Tenayucca. Mil piqueteros fueron atacados con gas y encarcelados. Se ganó la huelga pero luego nos reemplazaron con máquinas.

•

Thousands of Mexicanos worked in the pecan industry of San Antonio for a boss who thought that 5¢ a day was enough pay. Working conditions were bad. When wages were cut in 1938, workers struck 130 plants. Emma Tenayucca served as leader. Over 1000 pickets were tear-gassed, beaten and jailed. We finally won, but our workers were soon replaced by machines.

Emma Tenayucca in jail/encarcelada (All photos from rare old pamphlet by Texas Civil Liberties Union)

"WE WERE TREATED LIKE CRIMINALS."
"NOS TRATARON COMO CRIMINALES."

Below/abajo: Emma Tenayucca

IN OCCUPIED
AMERICA

The Depression...

deportation...

World War II...

new struggles...

EN AMERICA

OCUPADA   1929-1960

La Depresión...deportación

...Segunda Guerra Mundial...

nuevas luchas de La Raza...

San Antonio, Tex. - 1939: Relief office in Mexican section/Oficina de asistencia pública

THE DEPRESSION

1929-1939

The years of the Depression. Not the first economic crisis in the U.S. and not the last, but one of the biggest. The system of the capitalistas collapsed, dragging down Chicanos along with many other working people. We waited in long relief lines; we organized and protested. We went hungry — hungrier than usual.

San Antonio, Tex.--1939. Relief office, clerk at door/La misma oficina

1929-1939

Los años de la depresión...No fué la primera crisis económica en los E.U. ni la última, pero sí fué una de las mayores. El sistema de los capitalistas se derrumbó, arrastrando también a mucha gente trabajadora como nosotros. Esperamos en largas colas para conseguir comida; formamos organizaciones y protestamos. Pasamos hambre.

Phoenix, Arizona--1933. Protest at State Capitol, organized by the Workers' League/Protesta organizada por la Liga Obrera en la capital. 102

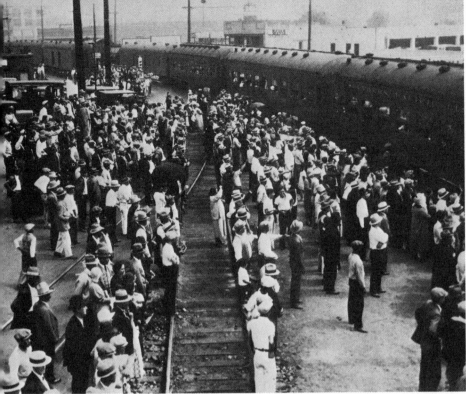

Los Angeles, Calif.--1931. Deportaciones de Mexicanos y Chicanos

Deportation:
KICK OUT THE MEXICANS!

With the Depression, our labor was no longer needed as before. Also, the U.S. ruling class could not admit the crisis was the result of their own economic system. They had to find a scapegoat. So they blamed unemployment on "all those illegals"--usually meaning Mexicans without entry documents. A racist program of "repatriation"--meaning deportation--began. There were mass roundups of so-called "illegals" and at least 300,000 of our people were put on trains to Mexico. Many were U.S. citizens. Chicanos were also deported in the 1930's for being organizers in civil rights and labor struggles.

YA NO NOS QUIEREN MAS

En vista de la depresión, nuestra labor no se necesitaba como antes. Y también, la clase gobernante de los E.U. no podía admitir que la crisis era el resultado de su propio sistema económico. Así que culpaban a "todos esos ilegales"--como llamaban a los mexicanos sin papeles--de la falta de empleo. Comenzó un programa racista de "repatriación", en realidad deportación. Grandes números de "ilegales" fueron capturados y por lo menos 300,000 de nuestra gente fueron mandados en trenes a México. Miles eran ciudadanos de los E.U. También nos deportaron por ser organizadores de trabajadores.

Colorado - 1936. State militia stop migrant workers at the border/la milicia del estado no dejó entrar a los trabajadores migrantes, muchas veces mexicanos

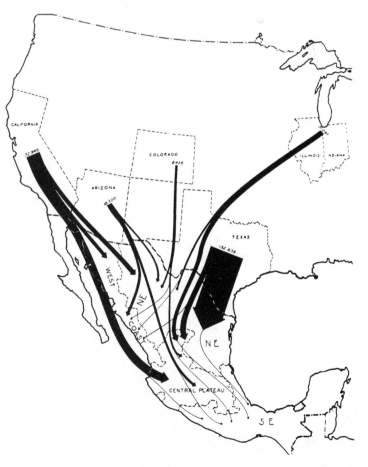

World War II - Bring the Mexicans

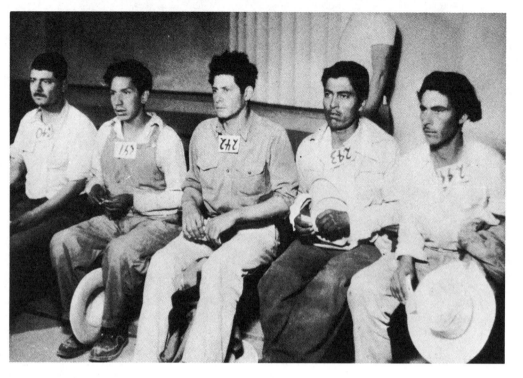

A few years after deporting us, U.S. business wanted us back. The war made business boom again and it also created a labor shortage. Many of our people went to the big cities, where there were jobs. In 1943, the Bracero Program was started to bring Mexicano farmworkers here. It was a boon to the growers, since the government paid to have the workers brought. The growers made such enormous profits that the program continued after the war ended. For the workers, there was only the same bad housing, lack of sanitation, and miserable wages.

Stockton, Cal. 1943
Braceros llegan para cosechar betabel /workers arriving to harvest sugar beets

104

La Guerra - Queremos Braceros

Después de deportarnos, los capitalistas querían que volviéramos. La guerra causó un gran aumento de negocios y también creó una falta de trabajadores. Mucha de nuestra gente se mudó a grandes ciudades industriales, donde había trabajo. También se comenzó el "programa Bracero" en 1943, para traer obreros mexicanos a los campos "legalmente", bajo un acuerdo especial entre los E.U. y México. Llegaron millones.

Se suponía que las condiciones de trabajo serían mejores que antes, pero el programa fue controlado por los dueños de los grandes negocios agrícolas, y las condiciones mejoraron muy poco. Los mexicanos se encontraron con las mismas casas malas, falta de higiene y explotación.

El programa recibía sus fondos del gobierno de los E. U. Esto quería decir que el gobierno servía de contratista para los grandes dueños, de gratis. Esta ayuda y la explotación del obrero produjeron tantas ganancias para los dueños que el programa siguió hasta mucho después del fin de la guerra.

I WANT YOU

San Diego, Cal. 1942. Making pilot parachutes/haciendo paracaídas de piloto

San Bernardino, Cal. 1943. Chicanas que abastecían a los trenes/Chicana "suppliers" for incoming trains

WAR HEROES

Half a million of us served in World War II, mostly as "soldados razos"– foot soldiers. We fought in the Pacific, North Africa, Sicily, France, Germany. We won 17 Congressional Medals for acts of incredible bravery. Overseas, we were called heroes.

But back in Los Angeles, on June 4-10, 1943, we were "rioters." Hundreds of Anglo sailors, later joined by Marines and civilians, brutally attacked young Chicanos. At first they picked on teenagers or "pachucos" who wore zoot suits, a fashion which was designed for dancing but also expressed the rebellious spirit and desire for identity of the pachuco. Zoot suits were declared subversive by officials. Soon the whites were beating up any young Mexicano (also Filipinos and Blacks), with or without zoot suit. Racism went on a rampage.

PHILIPPINES, April 10-22, 1942. Many Chicanos, especially from the New Mexico National Guard, were on the long Bataan "Death March" by U.S. prisoners of the Japanese. They carried with them those who died along the way.

Muchos chicanos estuvieron en la 'Marcha de la Muerte' de Bataan, de prisioneros norte-americanos capturados por los japoneses. Llevaron consigo a los muertos.

BATAAN "DEATH MARCH"

OR "RIOTERS"?

Medio millón de nosotros luchamos en la segunda guerra mundial, la mayoría como soldados rasos. Luchamos en el Pacífico, en Africa, en Sicilia, Francia y Alemania. Ganamos muchas medallas por acciones de valor; éramos héroes. Pero aquí en Los Angeles, en junio 4-10, 1943, éramos 'amotinadores'. Cientos de marinos gringos atacaron brutalmente a jóvenes chicanos que se vestían en los 'zoot suits', un estilo de ropa del joven 'pachuco'. Luego estuvieron golpeando a cualquier joven mexicano (también a filipinos y negros) por puro racismo.

"Zoot-Suiter"

"LET'S GET 'EM! LET'S GET THE CHILI-EATING BASTARDS!" was the sailors' cry as they pulled young men out of movies and off streetcars while police stood by and the press encouraged the brutal attacks by whites.
●
Los marinos gritaron insultos mientras sacaban a los jóvenes de los cines y de los tranvías. La policía no hizo nada y la prensa les animó.

Scene from "Salt of the Earth"; all other photos are from actual strike/una escena de "Sal de la tierra".

Huelga! at Silver City-1951

The war did little to uproot the racism we suffered. In 1951, in Silver City, New Mexico, miners of the Empire Zinc Co. went on strike. The majority were Chicanos; equal pay and treatment were among the main demands. When the company got an injunction against picketing by strikers, the miners' wives took over the picket line after a meeting at the El Serape bar. They were attacked by police, company gunmen and scabs. 45 women and 17 children were jailed; many were hit by scab cars. But they stood fast until the strike was won. Later, the strikers acted in the movie "Salt of the Earth" which has made this struggle famous.

La guerra desarraigó muy poco del racismo que sufrimos. En 1951 se declararon en huelga los mineros del Empire Zinc Co. de Silver City, N.M. Siendo mayormente Chicanos, demandaron cese a la discriminación. Cuando la corte prohibió a los mineros piquetear, las mujeres decidieron hacerlo ellas. Las compañeras fueron atacadas por la policía y por esquiroles. Encarcelaron a 45 mujeres y 17 niños. Pero se mantuvieron firmes hasta que se ganó la huelga. Luego los mismos huelguistas actuaron en la película "Sal de la Tierra", que ha hecho famosa esta linda página de nuestra historia.

Below: Meeting when they decided women would take over picketing
Abajo: Reunión en que se decidió que las mujeres iban a piquetear

Arresto de Mary Perez, una piquete

108

A scab car has just run over a child/Carro esquirol acaba de atropellar a una niña, Rachel Juarez

Algunas de las piquetes/picketers (damaged photo)

Company gunmen/pistoleros de la compañía

"OPERATION WETBACK"

In 1953-56, the U.S. staged "Operation Wetback" against so-called illegals. It was headed by a Mexican-hating general who had chased Pancho Villa with Pershing. Over two million of us were deported. The war had ended so they didn't need so many of us. Also, it was a time of repression. Hunting "illegals" was often a cover for union-busting and strike-breaking. Congress passed special laws to destroy social protest, in the name of fighting "Communism."

Border Patrol, 1950's. "Illegals" being rounded up/recogiendo 'ilegales'

Deported workers back in México/deportados otra vez en México

Abajo/below: Centro de Detención, McAllen, Tex.

"OPERACION MOJADOS"

En 1953-56, los E.U. llevó a cabo la 'Operación Mojados' contra los llamados 'ilegales'. Fue encabezada por un general que había perseguido a Villa con Pershing. Más de 2 millones de nosotros fuimos deportados. La guerra había terminado, así que ya no necesitaban tantos mexicanos. También, fue una época de políticas represivas en contra del trabajador.

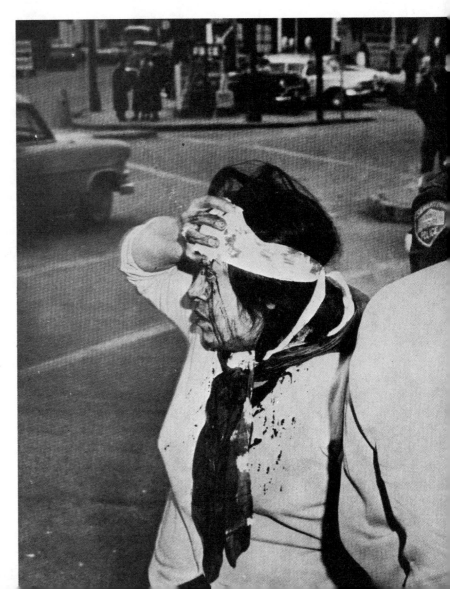

OPERATION UNITY

We fought against the division between legals and "illegals" or Mexican-Americans and "wetbacks." In 1959, workers at Tex-Son Co. (children's clothing) in San Antonio, Tex. went out on strike. Mexicanos across the border boycotted Tex-Son products in support. After a 2-year struggle, the strikers finally lost. But an example of unity had been set by our people.

•

No aceptamos la división entre legales e 'ilegales', o mexicano-americanos y 'mojados'. Pedimos unidad. En 1959, trabajadores de ropa de niños de la compañía Tex-Son en San Antonio se declararon en huelga. Muchos mexicanos del otro lado de la frontera boicotearon a Tex-Son. Después de 2 años los huelguistas perdieron, pero se había dado un ejemplo de unidad.

Nuevo Laredo: Tex-Son boycott

Right/derecha:
Janie Lozano, Tex-Son striker, beaten by scab /huelguista golpeada por un esquirol -- 1959

"To Chicanos, the 1950's represented a decade of defense...the Chicano movement was driven underground or forced to use calmer methods. Most organizations resorted to Red-baiting in order to avoid being Red-baited themselves, and to prove they were 'American'...The border was a revolving door that was open and shut according to the industrial needs of the United States...Through violence, economic exploitation and political chicanery, the Chicano was controlled within occupied America."

-- Rodolfo Acuña, <u>Occupied America</u>

•

"Para los Chicanos, los años 1950 representan diez años de defensa...el movimiento chicano fue forzado a hacerse clandestino o a usar métodos más calmados. La mayoría de las organizaciones adoptaron la práctica de llamar a otros comunistas para evitar ser llamados comunistas ellos mismos y dar prueba de que realmente eran 'americanos'...La frontera era una puerta que se abría y cerraba de acuerdo con las necesidades industriales de los E.U....Con el uso de la violencia, la explotación, y 'movidas' políticas, el chicano era controlado dentro de la América ocupada.'

--Rodolfo Acuña, <u>America Ocupada</u>

111

YOUR NEW ELGIN IS BETTER THAN THE ELGIN ZAPATA WAS WILLING TO KILL FOR IN 1914.

THE BIG BRAINWASH

"Frito Bandito," used to sell Frito-Lay products/ anuncio de una compañía de tostaditas de maíz.

In Occupied America, they said we were dumb Mexicans, greasers, bandits, cockroaches, had no incentive, and were always sleeping under a cactus or grinning stupidly like Frito Bandito. Schools and the media pounded those images into our heads. This was an important part of the colonization process. By making us believe in our own inferiority, the rulers of the society could keep us in "our place" - primarily as cheap labor. The colonization of our minds was an effective tool.

•

En América Ocupada, nos dijeron que éramos mexicanos estúpidos, "greasers", bandidos, cucarachas, que no teníamos ambición, que siempre estamos durmiendo bajo un cactus o sonriéndonos como Frito Bandito. Las escuelas y la radio y la televisión nos 'lavaron la mente' con esas imágenes. Todo eso era una parte importante del proceso de colonización. Haciéndonos creer en nuestra inferioridad, la clase dominante podía mantenernos como una fuente constante de labor barata.

1916. Pancho Villa raids Columbus, New Mexico. Brig. Gen. Pershing invades Mexico with orders to get Villa at any cost. But the guerrilla proves harder to catch than a cucaracha.

BROWN BROS.

1916.
General "Black Jack" Pershing orders Pancho Villa caught dead or alive. And Old Crow is 81 years old.

Men knew the taste of real Bourbon whiskey then. You know it today. Old Crow... since 1835 it's been the original sour mash Bourbon. The Bourbon. Mellow. Smooth. With a flavor the man who knows Bourbon has appreciated for generations. Accept no substitutes.

Aged a full six years.

When you know
OLD CROW
you know Bourbon.

KENTUCKY STRAIGHT BOURBON WHISKEY. 86 PROOF. DISTILLED AND BOTTLED AT THE FAMOUS OLD CROW DISTILLERY CO. FRANKFORT KY

¡VIVA NUESTRA CULTURA!

Through all the migrations, despite all the pressures to assimilate, we have carried in ourselves the roots and strength of our culture. Our barrios in the cities have been rich with the sound of our music and our language, the aromas of our food, the warmth of our customs. In remote mountain villages, especially in northern New Mexico, our people maintained a culture very close to the earth. A culture close to that of the Native American, a culture based on cooperation rather than competition.

Whether in a city barrio or mountain village, our culture is more than fiestas and tortillas. It is more than mariachis or "Buenos días." It is an affirmation of our peoplehood and our resistance to racism. It is a way of saying: no, we will not be absorbed by anti-human values. It is a way of saying: yes, we dream of revolution. ¡Que viva la Raza!

Durante todas las migraciones, a pesar de todos los cambios, hemos llevado en nosotros las raíces y la fuerza de nuestra cultura. En las ciudades, nuestros barrios llevan el sonido de nuestra música y nuestra lengua, el olor de nuestra comida, y el calor de nuestras costumbres. En los pueblitos de las sierras, especialmente en Nuevo México, nuestra gente ha mantenido una cultura muy apegada a la tierra. Es una cultura muy semejante a la cultura india--una cultura basada en la cooperación y no en la competencia.

Ya sea en un barrio de la ciudad o en el pueblito de la sierra, nuestra cultura es más que fiestas mexicanas y tortillas. Es una afirmación nuestra como raza y una resistencia contra el racismo. Es una manera de decir: no seremos absorbidos por valores inhumanos. Es una manera de decir: sí, soñamos con la revolución. ¡Que viva la Raza!

CHICANO INDIAN

OUR CULTURES ARE CLOSE FRIENDS

NUESTRAS CULTURAS SON MUY AMIGAS

Cociendo pan en un horno de fuera

Baking bread in outdoor oven

Ristras de chile

Strings of chile drying

Oneida County, Idaho

Oregon

EL PASTOR/THE SHEPHERD

Los primeros mexicanos que llegaron a lo que ahora es el sudoeste trajeron borregos para tener que comer. Desde entonces, la crianza de borregos fue una parte importante de nuestra economía. Cada trabajador era un especialista. El pastor, que guiaba a miles de borregos por muchas millas a pie, era el más pobre. También sabía mucho y sabía vivir cerca de la naturaleza. Cuando los ganaderos gringos invadieron la tierra, se acabó la crianza de borregos en grande escala. Más tarde, muchos chicanos fueron a trabajar de pastores migrantes a los estados del norte como Idaho, Wyoming, etc.

•

The first Mexican settlers in what is now the Southwest brought sheep with them to provide food. From then on, sheepraising was an important part of our economy. Each worker was a specialist. The shepherd, who herded thousands of sheep over many miles on foot, was the poorest of all. He was also very skilled and he knew how to live close to nature. When the gringo cattlemen invaded and put up their fences, it ended large-scale sheepraising. Later, many Chicanos went to work for wages as migrant sheepherders in northern states like Idaho, Wyoming, Utah, etc.

Albuquerque, N.M.

HOMES OF EARTH

We built our towns in a very collective way.
It took everyone's hands to put up houses
with few tools and no money. We made them
from the earth itself, as the Indian taught us.
Villagers knew how to pick the proper dirt,
make the mix, and form the clay bricks that
we call adobe. Women have always done the
plastering. Today, the rich have adobe houses built for them and we live in ugly projects. But adobe remains in our heritage, a
great people's architecture--an architecture
in harmony with the land.

CASAS DE ADOBE

Construimos nuestros pueblitos de una manera muy colectiva. Para hacer casas con pocas
herramientas y casi sin dinero, todos tuvimos
que trabajar. Hicimos nuestras viviendas de la
tierra misma, como nos enseñaron los indios.
La gente de los pueblitos sabía escoger la tierra, hacer la mezcla, y hacer los ladrillos de
esa mezcla. El trabajo de emplastar siempre
se ha hecho por mujeres. Hoy día, los ricos
mandan hacer casas de adobe para ellos mientras que nosotros vivimos en "projects" de los
pobres. Pero el adobe sigue siendo parte de
nuestra herencia, una arquitectura de la gente
--una arquitectura en harmonía con la tierra.

Chamisal, N.M. 1940

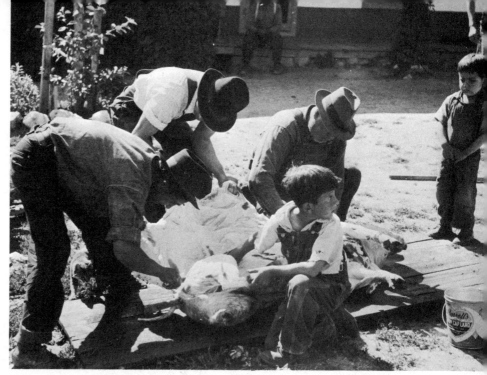

LA COMIDA

FOOD FOR SURVIVAL

La preparación y la conservación de comida siempre ha sido un trabajo importante en los pueblitos que antes se mantenían solos. La matanza de un animal siempre era una ocasión especial, y el animal se compartía entre varias familias. Nunca se mataba por diversión, y se usaban todas las partes del animal. Como no había refrigeración, se secaba o se le ponía chile para preservarla. También se secaban fruta, vegetales y hierbas.

The preparation and storage of food has always been important work in the once self-sufficient villages. Slaughtering an animal was an occasion, with many households sharing in the benefits. They never killed for fun, for sport, and they used every part of the carcass. With no refrigeration, meat was kept by spicing with chile or by drying. They also dried fruits, vegetables and herbs.

Concho, Arizona 1940

CORTANDO LA LEÑA

En los días de antes, había en el norte de Nuevo México un sistema para el uso de la tierra muy parecido al ejido de México. Los bosques y pasturas eran de todo el pueblito. Todos iban a los bosques a traer madera para construir viviendas, cocinar o calentar. Hoy en día los bosques son de las grandes compañías de madera y la gente necesita permisos para sacar un poco de leña. Pero muchas casas de nuestra gente todavía dependen de los bosques y de su propio trabajo para sobrevivir.

CHOPPING FIREWOOD

In the old days, northern Nuevo Mexico had a land-use system similar to that of the Mexican ejido. The grazing lands and forests belonged to the whole village. Everyone went to the forest freely, to get lumber for building and firewood for heating and cooking. Today the forests are for the big lumber companies, and the people must have permits to get a little wood. But many Raza homes still depend on the forest and their own labor: cutting the wood, loading it, chopping it into logs.

Nambe, N.M.

LA IRRIGACION

Cuando falta agua, la gente muchas veces desarrolla una cultura basada en la ayuda mutua y el compartir entre todos–un espíritu colectivo. Todos tienen que compartir la poca agua que haya, y esto se tiene que hacer de acuerdo con un sistema de irrigación bien organizado. El trabajo de construir, componer, y limpiar las acequias es un trabajo importante que se comparte con todos. Las acequias han sido la base de muchas comunidades rurales.

When there is a lack of water, the people usually develop a culture based on sharing–a collective spirit. Everyone must share whatever water exists and they must do this according to a well-organized irrigation system. Building, repairing and cleaning the irrigation ditches are vital tasks shared by all. The ditches have been the life-line of many rural communities. They make it possible to farm, to live.

Rodarte, N.M. 1940

Abajo/below: Patrocino Barela, Taos

NO SE PIERDE NADA

El arte de tallar madera era muy común y respetado. Muchas veces un leñador separaba una pieza de cedro para tallarla él mismo, o para llevarla al artesano de su pueblo: artesanos como Patrocino Barela, que se hizo famoso mucho más allá de su pueblo natal. Muchas veces los artesanos hacían sus herramientas de sobras.

NOTHING IS WASTED

Woodcarving was, and still is, an art widely practiced and appreciated. Often wood choppers would set aside beautiful pieces of cedar to carve themselves, or they would take them to some village carver like Patrocino Barela, who became famous far beyond his native Taos. Resourceful carvers make their own tools out of scrap iron.

El Movimiento

My people...
    you have grown greatly
    you are recovering your strengths, one by one
    you shatter horizons
    you burst through the boundaries of your skin
You are a spring of many footsteps
    and a hurricane of voices
    that crack your throats
Death will not kill you
    for a new sun surges high
    in your sky of ancient rage

Pueblo...
    es que has crecido asombradamente
    es que recobras tus fuerzas...una por una
    es que quiebras horizontes
    y abres las fronteras de tu piel.
Una primavera de pasos
    un huracán de voces que rompen las gargantas
Y no ha de matarte la muerte
    porque brota un nuevo sol en tu viejo cielo
                 enfurecido

               Lucila Ríos

¡Tierra o Muerte!

Mass arrest of Alianza families after "courthouse raid" of June 5

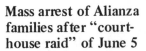

Captura de Tijerina después del ataque a la casa corte

On June 5, 1967, a group of armed men took over the courthouse in the mountain village of Tierra Amarilla, N.M. as a protest against violations of civil rights. They were members of the Alianza, headed by Reies López Tijerina, an organization struggling to affirm our rights to the land. Although the men soon left, a wave of repression followed that reminded people of Vietnam. 1000 troops invaded the villages, headed by Gen. John Pershing Jolly (named for the hunter of Pancho Villa).

But the "courthouse raid" woke up the U.S. to our existence as an oppressed, angry people. The Alianza continued the struggle, which was strongest in northern N.M. where our people have a long memory of the land robberies and a strong sense of our culture.

Land or Death

U.S. Occupation Forces invade after "the raid"/ Fuerzas Armadas de los E.U. invaden después del 'ataque' a la casa corte

LA LUCHA CONTINUA
THE STRUGGLE GOES ON

El 5 de junio de 1967, un grupo de hombres armados se apoderaron de la casa de corte del pueblito de Tierra Amarilla, en la sierra de Nuevo México, como protesta en contra de violaciones de sus derechos civiles. Eran miembros de la Alianza, encabezada por Tijerina. La Alianza era una organización que luchaba para reafirmar nuestros derechos a la tierra. Enseguida llegó una ola de represión al estilo de Vietnam. 1000 tropas invadieron los pueblitos encabezadas por el Gen. John Pershing (como el perseguidor de Villa) Jolly. Pero el "ataque a la casa corte" despertó a los E.U. a nuestra existencia de pueblo oprimido y enojado. La Alianza continuó la lucha.

Tijerina addresses Alianza meeting - 1968
Habla Tijerina en una junta de la Alianza

*The other 10 men
accused of the
"courthouse raid"
Los otros acusados:*

Juan Valdez, *pardoned*
Baltazar Martínez, *inocente*
Gerónimo Borunda,
   guilty but appealed
Charges dropped:
Ezequiel Domínguez
Tobías Leyba
José Madril
Moisés Morales
Jerry Noll
Reies Hugh Tijerina Jr.
Salomón Velásquez

**Washington, D.C. - Alianzistas
exigen justicia del gobierno /
demand justice from government**

Oct. 18, 1968: Attack on Alianza car/ataque contra un carro de la Alianza

The Alianza tried everything in the 1960's: petitions, marches, direct action.
It also sought alliances with other peoples, including Native Americans and
Blacks, at a time when this was not yet popular. In return, it was bombed
repeatedly and saw its first leader go to prison repeatedly on false charges.
But the idea of the land struggle never died. For poor Chicanos and Indian
people, the land is our mother -- not Private Property. It is a means of survival, of production, that we both lost to the capitalist system and its values.

●

La Alianza trató todos los medios posibles en los años 1960: peticiones, mar-
chas, acciones directas. También trató de establecer unidad con otras gentes, como los indios y los negros. Como resultado, fue bombardeada muchas veces y su líder muchas veces fue encarcelado. Pero la idea de luchar
por la tierra nunca murió. Para los chicanos pobres y la gente india, la tierra es nuestra madre y no Propiedad Privada. Es un medio de sobrevivencia, de producción, que las dos gentes perdieron al sistema capitalista.

124   **Thomas Bancyaca, Hopi elder, at Alianza convention**

The land struggle continued in 1976. In Colorado, the Taylor Ranch became our target. In Tierra Amarilla, the people united to oppose a jet airport for the benefit of tourists. Here and there, the cry still echoes: Tierra y libertad!

●

La lucha por la tierra continuó en 1976. En Colorado, el rancho Taylor fue nuestro blanco. En Tierra Amarilla, la gente se unió para oponerse a la construcción de un aeropuerto para el beneficio de los turistas. ¡Tierra y libertad!

Coyote, N.M. - June, 1969: Patsy Tijerina sets fire to sign in protest against U.S. occupation of the land/quema un letrero en protesta contra la ocupación federal de la tierra

The roads of Canjilón, home of several "courthouse raiders"
Los caminos del pueblo donde vivían varios de los "raiders"

Canjilón, N.M. Casa/home of "courthouse raider" Baltazar Martínez

125

No somos "mexicanos sucios"   Los Angeles, Calif. "blow-outs" - 1968

WALKOUT

All over the country, Chicanos began to move in the 1960's. The basic demands were the same everywhere: respect for our culture and our rights. The wave of protest hit the schools in 1968, as high school students in Los Angeles walked out by the thousands demanding an end to racist policies. Thousands more struck in Cristal, Texas, where a giant statue of Popeye symbolized gringo control. In Denver, also, high school students made their anger known. On college campuses everywhere, students demanded Chicano Studies programs and a relevant education. ¡Ya basta con el racismo!

Sal Castro—Los Angeles

Las Vegas, New Mexico

University of Minnesota

University of Colorado

Denver - Necesitamos un director Chicano

Highlands Univ., N.M. - ¿Que pasó con Estudios Chicanos?

Chicanos comenzaron a movilizarse por todo el país en los años 1960. Las demandas básicas eran las mismas por dondequiera: respeto por nuestra cultura y nuestros derechos. La ola de protesta llegó a las escuelas secundarias en 1968, cuando estudiantes en Los Angeles se salieron por miles. Miles más se salieron en Cristal, Téjas donde una gran estatua de Popeye simboliza el control gringo. En Denver, también, los estudiantes de secundaria se salieron. En muchas universidades había protesta.

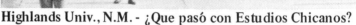

Se atrevieron a interesarse en mejorar la educación - Los Angeles

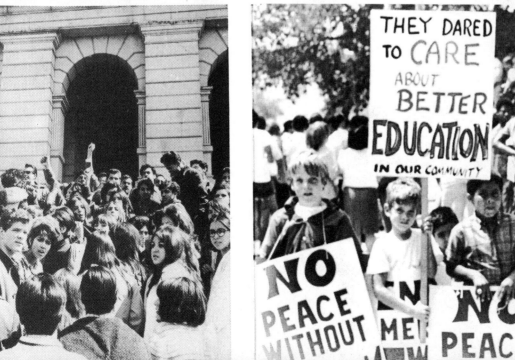

POOR PEOPLE'S MARCH

Fuimos desde todos los E.U.–raza, negros, indios, anglos–demandando justicia. Les hablamos a los oídos sordos de los oficiales del gobierno y vivimos juntos.

•

We went from all over the U.S.–Raza, Blacks, Native Americans, Anglos–demanding justice. We talked to the deaf ears of government officials, and lived together in Tent City, learning about each other.

MAY - JUNE

MAYO - JUNIO

1968

Denver,
Colorado
Sept. 16,
1969

Crusade for Justice
Cruzada por la Justicia

Fundada en 1965 por "Corky", la Cruzada ganó gran apoyo en los barrios por medio de su trabajo por la raza.

Founded in 1965 by "Corky" Gonzáles, the Crusade won strong support in the barrios with its work for La Raza.

Rodolfo "Corky" Gonzáles y la gente

We are a bronze people!   ¡Somos la raza de bronce!

March 27, 1969--first Chicano youth conference in history, held by the Crusade for Justice. 1500 youth joyously celebrated "the new nation of Aztlán."   ¡Viva la Raza!

•

27 de marzo, 1969--la primera conferencia de la juventud chicana, organizada por la Cruzada por Justicia. 1500 jóvenes celebraron "la nueva nación de Aztlan" con júbilo.

Los Angeles, California

Albuquerque, N.M.--1971

THE BERET: Symbol of Militant Youth
LA BOINA: Símbolo del joven militante

From Califas to the Midwest, groups of young Chicanos formed, calling themselves Brown or Black Berets. They aimed to "serve and protect" our Raza with community programs and security measures. Often they went to jail for their confrontations with police.

Desde Califas hasta el medio-oeste, se formaron grupos de jóvenes chicanos y se llamaron Las Boinas Negras o Café. Tenían como intento "servir y proteger" a la raza, por medio de programas en los barrios. Muchas veces los encarcelaban por sus actividades.

Below: Catalina Island, California -- 1972

Abajo: Albuquerque, N.M. -- 1972

LAS LUCHAS DE LOS BARRIOS

...viejos y jóvenes, estudiantes y trabajadores, mujeres y hombres...por derechos del bienestar, rentas decentes, centros de comunidad y parques...contra toda forma de racismo, desde la iglesia hasta la oficina de correo...el pueblo se echó a andar.

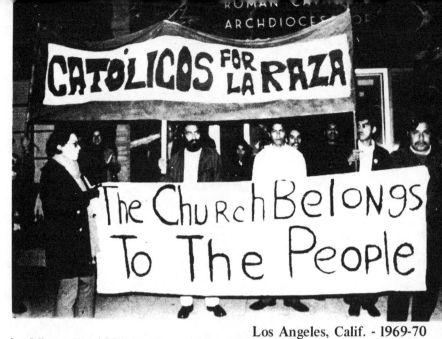

Los Angeles, Calif. - 1969-70

San Jose, California -- 1973

Abajo: Wisconsin, 1970. Welfare rights rally

Below: Texas, 1972. Food stamp protest

Abajo: Denver, Colorado -- 1972

Abajo: Denver, Colo. Houston, Tex. - 1970. "Esta iglesia no se vende, es para un centro de la comunidad."

STRUGGLES OF OUR BARRIOS

...old and young, students and workers, women and men...for welfare rights, food, decent rents, community centers and parks...against all forms of racism, from the church to the post office...

Below: Santa Fe, N.M. - 1972. Welfare protest

Bobby García Memorial Clinic, Albuquerque

Nuestras propias escuelas, clínicas y cooperativas

Preparando para sembrar papas/to plant potatoes

Santa Fe, N.M.

Después de pasar años tratando de cambiar el sistema escolar, los servicios de salud, y otras instituciones racistas, algunos de nosotros decidimos crear nuestros propios medios de dar servicios. Comenzamos clínicas que satisfacieran las necesidades de nuestra gente y de nuestra cultura. Co-operativas agrícolas se comenzaron para ayudar a establecer una base económica y para darle ánimo a nuestra gente que trabajaran juntos, como habíamos hecho en el pasado. Comenzamos escuelas como el Colegio Jacinto Treviño en Tejas y Escuela Antonio José Martínez de Nuevo México. Frecuentemente se ha enseñado el valor de la obra manual y de la participación en las luchas de la comunidad, en estas escuelas "alternativas".

Below: Harvesting potatoes at Tierra Amarilla, N.M. co-op
Abajo: Cosechando papas en una cooperativa

Our own schools, clinics, co-ops

After years of fighting to change the school system, health care and other racist institutions, some of us decided to create our own facilities. We set up free or low-cost clinics that aimed to satisfy our people and culture. Farming co-operatives were started to help provide an economic base and to encourage our people to work together communally, as we had in the past. We set up schools such as Colegio Jacinto Treviño in Texas and Escuela Antonio José Martínez in N.M. to provide a relevant education to our children. The value of work and participation in community struggles were often emphasized in these "alternative institutions."

Denver: Escuela Tlatelolco named grade-levels after Mexican tribes/llamó a los grados con nombres de tribus

Escuela Antonio José Martínez, Las Vegas, N.M.

Houston, Tex. 1970 School set up during Chicano boycott of the school system/ escuela establecida durante el boicot de las escuelas oficiales

135

Partido de La Raza Unida

La Raza Unida party first began to organize in 1969 and soon existed in many states. It was created because the 2-party system had proved to be a total failure in meeting the needs of our people. As one LRU leader said, "the two-party system is one animal with two heads eating out of the same trough." LRU has different policies in different areas; it runs candidates and also tries to expose the system. It stands as a major effort to organize Raza of all social classes.

Below/abajo:
Raúl Ruiz, Los Angeles

El Paso, Tex. - 1972. National convention of Partido. Left to right/izquierda a la derecha: Reies López Tijerina, "Corky" Gonzáles, José Angel Gutiérrez

El Partido de La Raza Unida primero comenzó a organizarse en 1969 y pronto existió en muchos estados. Fue creado porque el sistema de los dos partidos había resultado en un desastre como medio de satisfacer las necesidades de nuestra gente. Como dijo un líder de LRU, "el sistema de los dos partidos es un animal de dos cabezas que comen del mismo plato". LRU ha luchado en muchas elecciones y representa un gran esfuerzo de organizar a la Raza de todas clases sociales.

Below/abajo: José Calderón, Colorado

Below: Salomon Baldenegro, LRU, Arizona

Abajo: Carmen Alegría, LRU, California (Berkeley)

El Paso, Tex. - 1973. National Convention of La Raza Unida Party

WE'VE GOT 188 MEN NOW. THAT'S ENOUGH FOR 4,000 MEXICANS

YOU SAID IT!

THE TEXANS' SPIRITS REVIVED.

LRU ha ganado pocas elecciones con la excepción del sur de Tejas. En Crystal City, la "capital de espinaca", dominada por los dueños agrícolas y su estatua de Popeye, LRU se apoderó de la mesa dirigente del sistema escolar. Se hicieron muchas reformas, comenzando con la eliminación de prácticas racistas y textos como "Películas de la Historia de Tejas" (vea los monos). Hay programas bilingües y biculturales para los niños, como se ve abajo.

•

The partido has won few elections except in south Texas. In Crystal City, the "Spinach Capital" dominated by the growers and their Popeye statue, LRU took over the school board. Many reforms were made, beginning with the elimination of racist policies and textbooks like Texas History Movies (see cartoons). Children have bi-lingual, bi-cultural programs as seen below.

A la izquierda: "188 de nosotros valen 4,000 mexicanos." - " ¡Cómo no! "

PLEASE, SENOR I LIKE TO SURRENDER

137 GENERAL ALMONTE AND 400 MEN SURRENDERED.

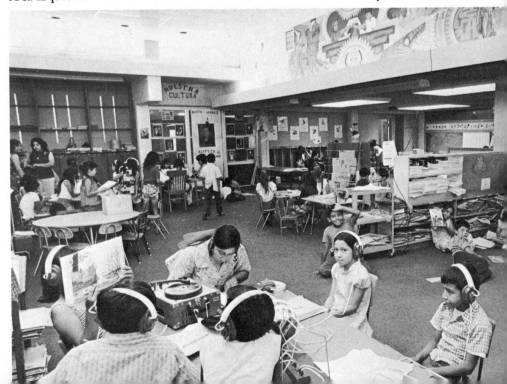

Albuquerque

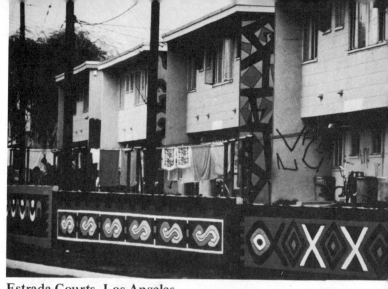

Estrada Courts, Los Angeles

Blue Island, Chicago

San Diego

La revolución cultural: El muralismo

Abajo/below: Santa Fe

Teatros del Pueblo

Above: Califas   Abajo/below: Teatro de la Gente

Teatro Conference, Colo.

Below and upper right/
abajo y arriba a la derecha:
Teatro Colectivo

Lupe Saavedra, poeta

Poesía...
.....Baile...
Música...
...Prensa

Below: Luis Valdez y compañeros

CHICANO PRESS ASSOCIATION SYMBOL

Abajo/below: "Corky," poeta

Below: Tierra Amarilla, N.M.

Law and Order!

El juez dice: "¡El siguiente!"

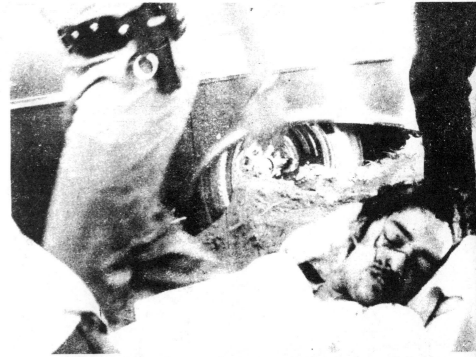

Blythe, Cal.- 1972: Mario Barrera, killed by police/matado por policía

¡Ley y orden!

Roban las tierras, roban trabajo
Matan mi hermano allá en Vietnam,
Perdón le pido a la Guadalupana
Tanta injusticia me hicieron pelear.

Ya estoy cansado de voltear la cara,
Ya mi paciencia ya se acabó
Juras y rinches son aprovechados
Ya la ley gringa se burla de mí

141   -- Corrido

1968--Albuquerque. Protest killing of Tommy Valles by police

Dallas, Tex. - Protesting police murder of/asesinato de/Santos Rodriguez, age 12

Ernie Vigil

Abajo: Los Angeles

(c)George Ballis

Below: Santa Fe

FELIPE MARES "MURIO" VENCEREMOS POR SU MUERTE

YOU CAN KILL A REVOLUTIONARY BUT.. YOU CAN'T KILL THE REVOLUTION

YOU CAN NOT STOP AZTLAN

Santa Fe: funeral of Roy Gallegos, killed by police

Yakima: March for Jack Rodriguez, killed by police

Mamá de Roy Gallegos

Priscilla Falcón, widow of Ricardo, with attorney "Kiko" Martínez, later driven underground/viuda de una víctima

Abajo: San Francisco

Taos, New Mexico

Luis
WE ARE NOT BEASTS
AND WE DO NOT INTEND TO
BE BEATEN OR DRIVEN AS
SUCH... WHAT HAS HAPPENED
HERE is but the SOUND
BEFORE the FURY of those
WHO ARE OPPRESSED

OYE!
VIVA
Junior
MORALES

Denver, 17 de marzo 1973

Abajo: Funeral de Falcón

WE MUST STOP THIS INJUSTICES

YA BASTA TANTA

CHIC...

FREE LOS SIETE

Martyrs of the Movimiento

With his own blood he wrote,
in his rebellious agony,
a slogan of struggle:
Death to the ruling class!
    -- Ballad of Luis Martínez

Boulder, Colo.: Memorial for activists killed in car bombings May 27-29, 1974

Francisco Dougherty   Una Jaakola   Neva Romero

Florencio Granados   Reyes Paul Martínez   Heriberto Terán

RICARDO FALCON of Colorado: killed in 1972 by a racist who was quickly found innocent/matado por un racista que pronto fue declarado inculpable en un juicio sin justicia.

LUIS MARTINEZ
Activista y bailador
de la Cruzada
por Justicia
asesinado en Denver
el 17 de marzo 1973
por la policía

Luis Martínez: Crusade for Justice activist, dancer

Con sangre propia escribió
en su rebelde agonía
una consigna de lucha:
¡Que muera la burgesía!
    Corrido de Luis Martínez

ANTONIO CORDOVA and RITO CANALES. Albuquerque, N.M. Shot to death Jan. 29, 1972 in a police trap. Antonio was a movimiento journalist; Rito was fighting the prison system./Asesinados el 29 de enero de 1972 al caer en una trampa policiaca. Antonio era periodista del movimiento y Rito luchaba contra el sistema de las prisiones.

144

And still the shots resound
in the throbbing stillness of the night
our comrade in struggle has fallen,
murdered,
dark blood pouring forth
into all the raging rivers
of all the continents in struggle
latin-american guerrillas
african freedom-fighters
irish patriots –
the list is long
of all who fell assassinated
by nixon, ford, rockefeller
and all the puppets of the Dollar.
Beware!
our martyrs are in the wind,
peoples of the world wait
in the shadow of justice
they take aim with their rage.
The wind carries a message:
when murder is Order
then revolution is Law.

todavía retumban los balazos
en la quietud violenta de la noche
cayó asesinado
nuestro compañero de lucha
su sangre oscura uniéndose
a todos los ríos valientes
de todos los continentes en lucha
guerrilleros latinoamericanos,
libertadores africanos,
patriotas irlandeses --
la lista es larga
de todos que cayeron asesinados
por nixon, ford, rockefeller
y los tantos títeres del dólar.
¡Advertencia!
los mártires están en el viento
los pueblos esperan
bajo la sombra de la justicia
apuntando su coraje.
El viento carga el mensaje:
cuando el asesinato es la Orden
la revolución es la Ley.

FREE THE SAN QUENTIN SIX!

All this Raza locked up--
stacked up like firewood
made to be prisoners
made to endure...

To struggle--always.
Amor...luchar
   de sal y sangre siempre.
     -- LUIS TALAMANTEZ

Toda esta raza trancada--
apilados como leña
hechos prisioneros
hechos para resistir...

A luchar—siempre
Amor...luchar
   de sal y sangre siempre
     —LUIS TALAMANTEZ

Below: L/R Johnny Spain, Hugo Pinell, Luis Talamantez

Abajo: David Johnson, Willie Tate, Fleeta Drumgo

Black revolutionary George Jackson was killed in 1971 at San Quentin, in a supposed escape attempt. Six Black and Latino fellow prisoners were charged with related crimes and put on trial in chains in 1975-76. Their spirit of resistance has been a powerful inspiration to us.

●

El revolucionario negro George Jackson fue asesinado en la prisión San Quintín por un supuesto intento de escape. Seis prisioneros negros y latinos fueron acusados de crímenes relacionados y llevados a juicio en cadenas. Su espíritu de resistencia nos ha inspirado mucho.

¡LIBERTAD PARA CHAVEZ-ORTIZ!

Familia de Ricardo Chavez-Ortiz

"Lo hice porque quiero a mi gente", dijo Ricardo Chávez-Ortiz, que secuestró un avión en 1972 (foto abajo). Su única demanda: tiempo en la TV y el radio para exponer la opresión de la raza. Fue encarcelado por vida.

●

"I did it because I love my people," said Ricardo Chávez-Ortiz, who hijacked a jet to Los Angeles on April 13, 1972 (see below, in plane). His only demand: radio and TV time to expose problems of Raza. He was imprisoned for life.

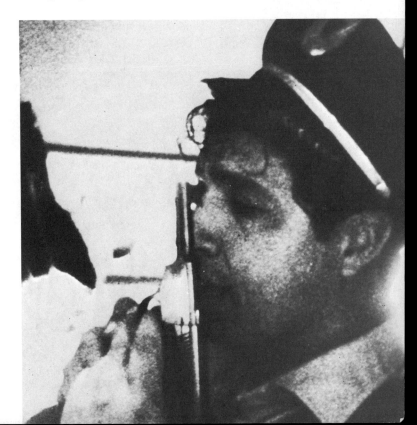

Los Angeles mural on las drogas and Los Tres (left to right): Juan Fernández, Rodolfo Sánchez, Alberto Ortiz

FREE LOS TRES DEL BARRIO!

Los Tres trabajaron para parar los traficantes de drogas en un barrio de Los Angeles. Han estado encarcelados desde que un agente secreto que pasaba por traficante fue herido. Los Tres son un ejemplo de nuestros prisioneros políticos--raza encarcelada por tratar de cambiar la sociedad. Otros nombres como los "12 de Houston" y "los hermanos de Leavenworth" se han gritado en las calles para demandar su libertad.

Los Tres were working to stop drug pushers in a Los Angeles barrio, with wide community support. They have been imprisoned since a 1971 shooting of an undercover agent posing as a pusher. Los Tres are an example of our political prisoners--Raza in jail for trying to change the society. Other names such as "the Houston 12" and "the Leavenworth Brothers" have been shouted in our streets. Free them all!

¡VIVA OLGA TALAMANTE!

Nov. 1974: Olga, an activist from Califas, is arrested as "subversive" while visiting Argentina--and tortured. A nationwide campaign to free her finally succeeds in March, 1976. It is a people's victory.

1974: A Olga, una activista de California, la arrestan por "subversiva" mientras visitaba Argentina, y la torturan. Una campaña nacional para que la pongan en libertad por fin gana en marzo de 1976.

Right: Olga's parents demonstrate

National Farm Workers Association meeting - 1962

¡VIVA LA CAUSA!

Like the land struggle, our fight for rights as farmworkers has been long. We have, along with other farmworkers, suffered racist exploitation from the big growers. It was especially bad because we had no union and no legal rights. To meet those needs, the National Farm Workers Assoc. was created in 1962 led by César Chávez. When Filipino grape workers struck in Delano, Calif., in 1965, the NFWA soon joined them. The ten years since then have been a hard fight against growers, scabs, corrupt leaders of other unions, and the U.S. government itself which has often been run by the growers.

•

Al igual que la lucha por la tierra, nuestra lucha por nuestros derechos como trabajadores campesinos ha sido larga. Muchos hemos sufrido de la explotación racista de los grandes cultivadores. No teníamos uniones ni derechos legales. Para satisfacer esas necesidades se formó la Asociación Nacional de Trabajadores Campesinos en 1962, encabezada por César Chávez. Cuando salieron en huelga los trabajadores de uva filipinos en Delano, Calif. en 1965, la NFWA se unió con ellos. Los diez años desde entonces han sido una lucha dura en contra de los patrones, los esquiroles, los líderes vendidos de otras uniones y el gobierno de los E.U.

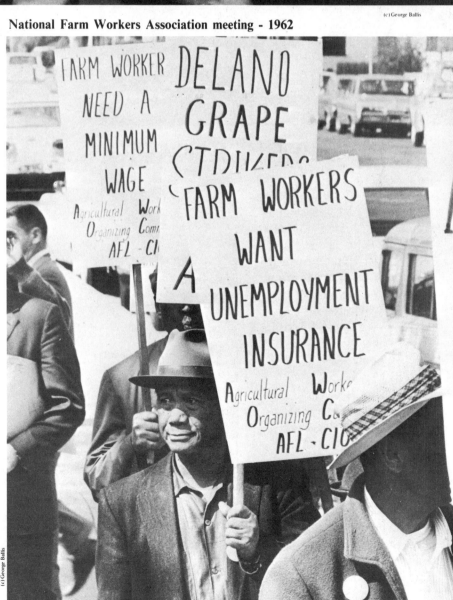

(c) George Ballis

PEREGRINACION...Y...REVOLUCION

(c) George Ballis

En 1966 la unión llevó a cabo una marcha de 300 millas hasta la capital de California, Sacramento. Quería llamar la atención a la huelga de uva y también despertar a otros trabajadores. La marcha terminó con la primera victoria: una compañía reconoció a la unión. Para ganar esa victoria, la unión usó el boicot--al que más tarde convirtió en su arma más poderosa.

Hasta México ha llegado
La noticia muy alegre
Que Delano es diferente.

Ya está bueno, compañeros
Como dice César Chávez
"Esta huelga ganaremos."

¡Viva la huelga en el fil!
¡Viva la causa en la historia!
¡La raza llena de gloria!
¡La victoria va cumplir!

In 1966, the union held a 300-mile march to the capital of California in Sacramento. It aimed to call attention to the grape strike and to awaken other campesinos. The march ended with the first victory: one company recognized the union. To win that victory, the union used the boycott, which it later forged into a powerful weapon that it applied all over the world.

The happy news has traveled
As far as Mexico
That Delano is different.

That's enough, compañeros
As César Chávez says,
"We'll win this strike."

Long live the farmworkers strike!
Long live our cause in history!
Our people, full of glory,
Will achieve victory!

150

Los campesinos pronto se organizaron en otras partes de los E.U. En Ohio, mucha de la raza trabaja los campos de tomate y otros campos. Ellos formaron el Comité de Organización de Trabajo de Cultivo (F.L.O.C.) en 1967. En Colorado, Arizona, Tejas, Washington, etc., otros campesinos fueron inspirados por el ejemplo de fuerza que mostró la unión en California y César.

•

Farmworkers were soon organizing in other parts of the U.S. In Ohio, many Raza work in the tomato and other fields. They formed the Farm Labor Organizing Committee in 1967. In Colorado, Arizona, Texas, Washington, etc., other campesinos were moved by the example of strength found in the California union and César Chávez.

Below: F.L.O.C. meeting/reunión

Abajo/below: Toledo, Ohio — 1973: Reunión/rally of F.L.O.C.   Center, Colorado -- 1973

Dolores Huerta, negociadora principal para la unión UFW - Salinas 1970

Striking workers confront scabs/Huelguistas confrontan algunos esquiroles

So the Pentagon bought more grapes

...y el Pentagón compró más uvas

Texas, June 1967: Protesting attack by Texas Rangers on striking farmworkers in Starr Co./protestando el golpeo de campesinos en huelga por los rinches.

Abajo/below
Chávez en
una marcha

"¡Vénganse, señores! ¡Huelga! ¡Para su respeto y dignidad! " (Come out, gentlemen--strike!)

BLOOD ON THE FIELDS

Repression of the farmworkers was always bad, but in 1973 it reached a new high. We faced a new enemy that year: the leaders of the Teamsters Union, who were the friends of the growers. The Teamsters hired "goons" who beat our people for $50 a day. Police repression also came down hard. Almost 5000 people were arrested.

●

La represión de los campesinos siempre ha sido intensa, pero en 1973 subió a nuevas alturas. Ese año se encontraron con un nuevo enemigo: los líderes de la unión de la compañía, los Teamsters, y sus empleados changos que golpeaban trabajadores por $50 diario. La represión policiaca también se llevó a cabo. Casi 5,000 personas fueron arrestadas.

Guimarra vineyards, Edison, Cal. - 1973: Marta Rodriguez, 18 years old, 85 lbs/18 años, 85 libras

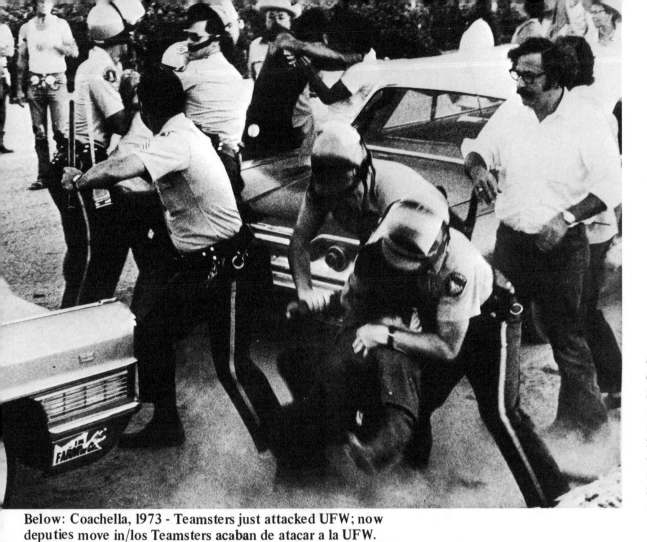

Coachella,
Calif. 1973
Sheriff's
deputies
attack UFW
members/
diputados
atacan a
miembros
de la UFW

Below: Coachella, 1973 - Teamsters just attacked UFW; now
deputies move in/los Teamsters acaban de atacar a la UFW.

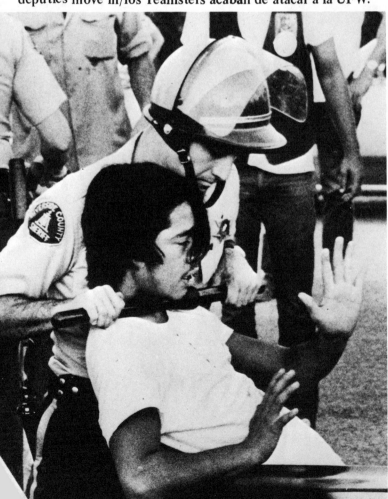

SANGRE

EN LOS FILES

Abajo: "Goons" hired by Teamster officials help
the growers/"changos" de los líderes Teamster

Funeral de Juan de la Cruz

Has anyone ever counted the number of times that a farmworker or supporter has been jailed, beaten, crippled, blinded...? Probably not. But we cannot, we will not forget two martyrs of 1973.

Nagi Daifullah, a young Arab farmworker, was fatally clubbed by a deputy sheriff on August 14. Ten thousand people marched in protest. Two days later, a 60-year old campesino–Juan de la Cruz–who had been one of the first UFW members, was shot to death by a strike-breaker. And again the people marched in memory and protest.

Again the people, always the people, carried on the struggle.

•

¿Se habrá puesto a contar alguien las veces que un miembro de la UFW ha sido encarcelado, golpeado, cegado o hecho inválido? Probablemente no. Pero no olvidaremos dos mártires de 1973.

Un joven trabajador árabe llamado Nagi Daifullah fue fatalmente golpeado por un diputado del sherife el 14 de agosto. Diez mil personas marcharon en protesta. Dos días más tarde, un campesino de 60 años, Juan de la Cruz–uno de los primeros miembros de la UFW–murió a balazos de un rompe-huelgas. Y otra vez, la gente marchó en memoria y protesta.

Otra vez la gente, siempre la gente, siguió la lucha.

Widow/viuda de Juan de la Cruz

La tierra se llama Juan

Detrás de los libertadores estaba Juan
trabajando, pescando y combatiendo
en su trabajo de carpintería o en su mina mojada.
Sus manos han arado la tierra y han medido
los caminos.
Sus huesos están en todas partes.
Pero vive. Regresó de la tierra. Ha nacido.
Ha nacido de nuevo como una planta eterna.
Toda la noche impura trató de sumergirlo
y hoy afirma en la aurora sus labios indomables.
Lo ataron, y es ahora decidido soldado.
Lo hirieron, y mantiene su salud de manzana.
Le cortaron las manos, y hoy golpea con ellas.
Lo enterraron, y viene cantando con nosotros.

Juan, es tuya la puerta y el camino.
                              La tierra
es tuya, pueblo, la verdad ha nacido
contigo, de tu sangre.
                    No pudieron exterminarte.....

Pablo Neruda

(c) George Ballis

(c)George Ballis

The name of the land is Juan

Behind the liberators was Juan
working, fishing and struggling
in his carpentry or in his damp mine.
His hands have worked the land and measured
the roads.
His bones are everywhere.
But he lives. He returned from the land. He is born.
He has been born again like an eternal plant.
All the night's impurity tried to bury him
and now, in the dawn, he speaks with lips that will
                              not be sealed.
They bound him and now he is a staunch soldier.
They wounded him and now he blooms with health.
They cut off his hands and he strikes blows with them.
They buried him, and he comes singing with us.

Juan, yours is the doorway and the road.
                              The land
is yours, my people, the truth has been born
with you, from your blood.
                    They could not exterminate you....

Pablo Neruda

157

1973: first convention of the union, now the United Farm Workers of America AFL-CIO, still with the red flag and black eagle as symbol

1973: primera convención de la unión, ahora el UFW AFL-CIO, todavía con la bandera roja y el águila negra como símbolo de la lucha

"For my people, I refuse to respect your induction papers. Too many of my brothers have died fighting for a lie called 'American Freedom.' My people have known nothing but racist tyranny and brutal oppression from this society. For the Vietnamese people, too, I refuse...They are not my enemy but brothers involved in the same struggle for justice against a common enemy. We are all branches of the same tree, flowers of the same garden, waves of the same sea."

–Manuel Gómez

Our war is here!
Raza contra la guerra en Vietnam

Denver, Colo. - 1970. Draft resisters/oponentes al reclutamiento. Left to right/de izquierda a derecha: Rosalio Muñoz, Fred Aviles, Ernesto Vigil, Arturo Córdova

"Por mi gente, me niego a respetar la orden de reclutamiento... Demasiados hermanos míos han muerto luchando por una mentira llamada 'libertad americana' ...Todo lo que mi gente ha conocido en esta sociedad es una tiranía racista y una opresión brutal. Por la gente vietnamita, también, me niego...ellos no son mis enemigos, sino hermanos en la misma lucha por justicia contra un enemigo común. Todos somos ramas del mismo árbol, flores del mismo jardín, olas del mismo mar..."

– Manuel Gómez

El Paso, Tex. - 1968.

Marcha de la Reconquista 1971

16

Chicano resistance to the Vietnam war began as a defense of our own people, who were being drafted far out of proportion to our population. It reached a climax with the 1970 national Moratorium. 10,000 marched peacefully, with our families. Police attacked on a pretext, tear-gassing and shooting at us. They killed Angel Díaz, Lyn Ward (a 15-year old Chicano) and journalist Rubén Salazar, who was sitting quietly at the Silver Dollar Bar when they shot him. It was "legal" murder again.

La resistencia chicana contra la guerra comenzó como una defensa de nuestra gente que estaba muriendo en una proporción mucho más grande que nuestra población. Llegó a su colmo con el Moratorio nacional de 1970. Ese día, 10,000 de nosotros marchamos en paz y con nuestras familias. Bajo un pretexto, la policía atacó con gas y también a tiros. Mataron a Angel Díaz, Lyn Ward (un chicano de 15 años) y al periodista Rubén Salazar, que estaba sentado en el café Silver Dollar.

LOS ANGELES
AUGUST 29
1970

Enfurecidos por el ataque policiaco, Raza prendieron fuego a Los Angeles. Los días siguientes parecía una ciudad ocupada. Entonces protestamos de nuevo contra la guerra—y contra el abuso de la policía. En una manifestación del 31 de enero de 1971, la policía atacó otra vez. Mataron a un estudiante de Austria, Gustave Montag que ni siquiera estaba involucrado.

Angered by the police attack, Chicanos set Los Angeles on fire. For days after, it was like an occupied city. Then we continued to demonstrate against the war --and against police abuse. At a rally on Jan. 31, 1971, police again attacked. This time they killed an Austrian student, Gustave Montag, who looked Chicano but was not involved in the movimiento. Again, MURDER.

Abajo/below: La muerte de/death of Gustave Montag - Enero/January 31, 1971

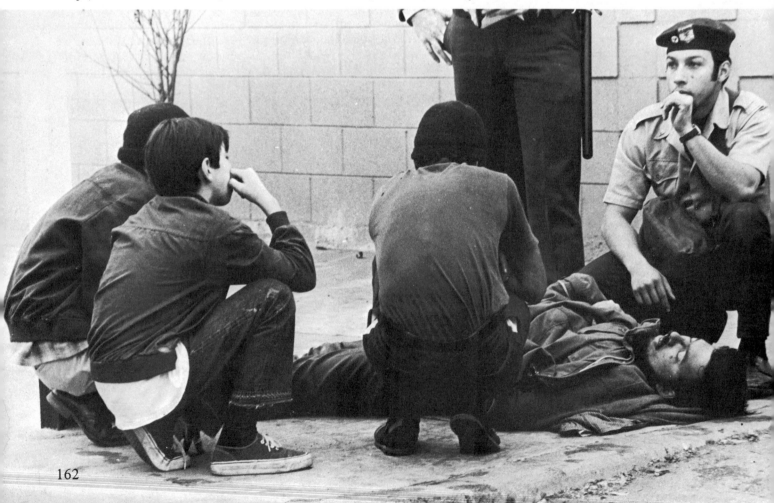

Rubén Salazar   **Los Angeles, 1971**

The Moratorium and Rubén Salazar became symbols of our oppression and resistance. In opposing the war, we learned more about our enemy. It isn't just the gringo or the police, we saw, but a whole system of imperialism. The U.S. empire has always produced wars, racism and exploitation–which benefit only the rich. The struggle of our barrios is the struggle of this whole world. And the only way to win liberation for our people is by uniting with other oppressed people.

El Moratorio y Rubén Salazar se hicieron símbolos de la opresión de la Raza y de nuestra resistencia. Al oponernos a la guerra, aprendimos más acerca de nuestro enemigo. No es sólo el gringo, sino un sistema entero llamado imperialismo. El imperio de los E.U. siempre ha producido guerras, racismo y explotación que sólo benefician a los ricos. La lucha de nuestros barrios es la lucha del mundo entero. Para liberarnos, hay que unirnos con otros pueblos oprimidos.

Seattle, Washington, 1971

Russell Means, AIM   Internacionalismo en el aniversario de Luis Martínez

In solidarity with Mexican students

Left/izquierda:

Denver, Colo.-March 17, 1974, anniversary of Luis Martínez's death. Thousands of Chicanos, Puerto Ricans, Indians and Blacks rallied/ Manifestación de solidaridad.

Abajo: Laura Allende, hermana del presidente asesinado de Chile, levantó la conciencia chicana durante su visita a los E.U./Ms. Allende raised Chicano internationalism during her visit to the U.S.

Albuquerque, N.M. - 1976

Albuquerque,
New Mexico
Aug. 28, 1974
Indian-Chicano
Solidarity
Demonstration

LOS PUEBLOS UNIDOS, ¡JAMAS SERAN VENCIDOS!

As we learned more about the system of the U.S., we saw the need to unite—not only Raza, but all of the oppressed peoples. We joined Indians, Blacks and others in protest against racist exploitation here in the U.S. We also showed our unity with the peoples of México, Chile, Puerto Rico, Cuba, etc. in their struggles against our common enemies.

A medida que aprendimos más acerca del sistema de los E.U., vimos la necesidad de unirnos--no sólo raza, sino todas las gentes oprimidas. Nos unimos con los nativos americanos, negros, y otros en protesta contra la explotación racista aquí. También mostramos solidaridad con los pueblos de Chile, México, Puerto Rico, etc. contra nuestros enemigos en común.

Seattle, Wash. - Chicanos y negros juntos protestan el racismo de una tienda

Below: Seattle, Wash. - 1975: Rally to support Indians, Roberto Maestas speaking/manifestación de solidaridad con los indios

Hey!
See that lady protesting against
injustice
    es mi mama.
That girl in the brown beret, the
one teaching the children
    She's my hermana
Over there fasting with the migrants
    es mi tía...
Listen to her shout!
    La nueva Chicana   by Viola Correa

Las chicanas sufren de una triple opresión. Además del racismo y la pobreza que sufrimos con toda la Raza, somos oprimidas por ser mujeres (el sexismo). Vemos la necesidad de cambiar el "papel tradicional" de la mujer y afirmar la verdadera tradición de chicanas fuertes, activas. Por eso luchamos contra las esterilizaciones forzadas y apoyamos la lucha de Inez García, que fue a la prisión en 1974 por matar a un hombre que participó en la violación de ella.

•

Chicanas suffer from 3-way oppression. Along with the racism and poverty suffered by all Raza, we endure oppression based on being a woman (sexism). We see the need to change those so-called "traditions" about women, and to affirm the true tradition of strong, active Chicanas. We also oppose forced sterilizations and we support the struggle of Inez García, who was sentenced to prison in 1974 for killing a man for rape.

Abajo/below: Inez García handcuffed/con esposas puestas

WOMEN HOLD UP HALF THE SKY
¡Viva la mujer chicana!

Below/abajo: Inez García leaving jail on bail/ saliendo de la cárcel bajo fianza

LA LUCHA OBRERA
CONTRA EL RACISMO Y LA EXPLOTACION
WORKERS IN STRUGGLE

Austin, Tex. 1968 - Economy Furniture Co. strike supporters
March de apoyo para huelguistas de una fábrica de muebles

Los Angeles, Cal. - Strike by RTD bus mechanics

Artesia, N.M.-1972-73. Huelga de obreros de la ciudad/city workers' strike

San Francisco, Calif. - 1970

Abajo: Colorado, 1968--Carnation ranch strike/huelga en rancho de clavel

Below: Española, N.M. 1971. Madereros

Tucson Ariz.-1973: Steelworkers strike over safety issues/
Obreros de acero piden condiciones más seguras de trabajo

Concord, Calif. - huelguista de la
compañía de electrónica Rucker

Bayard, N.M. - 1974: Juan Chacón, union leader, speaks
to Kennecott strikers/habla a mineros en huelga

Albuquerque, N.M. - 1974: Huelga en una empacadora

Los Angeles,
California -
May Day, 1975
1 de mayo

170

LAS MUJERES DE FARAH

En 1972, 4,000 trabajadoras—casi todas de la raza—se declararon en huelga contra la compañía Farah en Tejas y Nuevo México porque se les negó la entrada a la unión. Farah produce la mayor cantidad de pantalones de varones, de los E.U. La larga huelga terminó en victoria, gracias a un boicot nacional y a la fuerza de las chicanas.

•

4,000 workers--mostly Raza and mostly women--went on strike in Texas and New Mexico against the Farah Co. in 1972. Farah is the largest U.S. manufacturer of men's and boy's pants. The long strike ended in a victory, thanks to a nationwide boycott of Farah products and Chicana strength.

¡UNETE, PUEBLO!

Los Angeles, Calif. - 1975: Strikers at Advanced Engine Products

150 workers, mostly Mexicana women, struck against Tolteca Foods in Richmond, Calif. in 1975. A 24-hour picket line shut down the entire plant and the militant strikers won.

●

150 trabajadoras, mayormente mujeres mexicanas, hicieron huelga contra Tolteca Foods en Richmond, Calif. en 1975. Una línea de 24 horas cerró la planta entera. Se ganó la huelga.

Above, below and right/arriba, abajo y a la derecha: Tolteca

Los Angeles, 1973 - Protest against U.S. Immigration

Demostración del Centro de Acción Social Autónomo--CASA

¡NO MAS DEPORTACIONES!

NO MORE DEPORTATIONS

Los Angeles, Calif. - 1974

¡Que deporten a la explotación, no a los trabajadores! Como en los años 30 y 50, los ricos tratan de culpar a nuestra gente por los problemas del sistema de ellos. Miles de los llamados 'ilegales' otra vez han sido detenidos y deportados. CASA ha encabezado la lucha contra esta nueva campaña para dividir la clase obrera.

•

"Deport exploitation, not workers!" is our cry against the U.S. war on Mexican workers. As in the 1930's and '50's, the rich try to blame our people for the problems of their system. Thousands of so-called illegals have again been rounded up and deported. C.A.S.A. has led the fight against this new attempt to divide us.

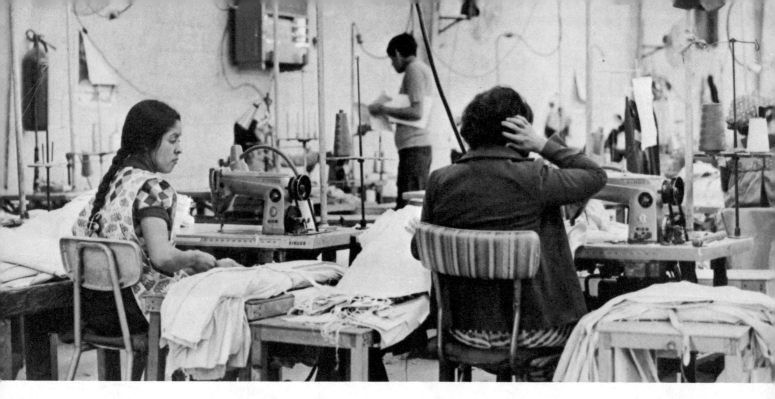

LAS MAQUILADORAS

Un buen ejemplo de la necesidad de unir los trabajadores mexicanos y chicanos contra los capitalistas son las maquiladoras, plantas que están localizadas cerca de la frontera mexicana pero que son propiedad yanqui.

Estas son empresas de las grandes corporaciones internacionales en las industrias electrónicas y textiles. Se fueron a México en busca de labor barata, sin uniones. En especial les gusta explotar a las mujeres.

Las maquiladoras se usan para quebrantar la organización de los trabajadores de electrónica y de textiles en los E.U. y también para retardar la revolución en México. El juego se llama imperialismo y la única manera de ganar es: unidad. Trabajadores de toda América, ¡únanse!

HIT-AND-RUN SHOPS

More and more, our people have seen the need to unite Chicano and Mexicano workers against the capitalistas. An example of this is the maquiladoras, U.S.-owned assembly plants located just across the border.

These are runaway shops of big international corporations in the electronics and garment industries. They went to Mexico looking for lots of non-union workers desperate for jobs...in other words, cheap labor. They especially like to exploit women.

The maquiladoras are used to hurt organizing efforts by electronics and garment workers in the U.S. and to prevent revolution in Mexico. The name of this game is imperialism and the only way to win is: UNITY!

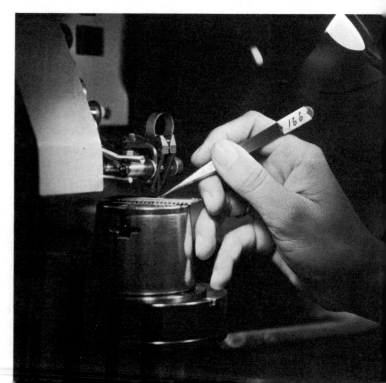

San Ysidro, Ca. 1977: 10,000 Chicanos jam the border to denounce the Klan (See also photo below)

San Diego, Ca. 1975: Hermán Baca, chair of the Committee on Chicano Rights, and 500 picketers protest Sheriff's Dept. enforcement of immigration laws/protesta contra el Sherife

¡ALTO! STOP EL KLAN

In 1977 the Ku Klux Klan revealed plans to patrol the U.S.-Mexico border. Chicanos from across the Southwest marched in protest.

•

El Ku Klux Klan reveló planes de patrullar la frontera México-E.E.U.U. En protesta, 10,000 chicanos de todo el suroeste marcharon en San Ysidro, Ca. (véase foto a la derecha).

Murder in Arizona
El Caso Hannigan

In 1976 George Hannigan of Douglas, Arizona and his two sons kidnapped three undocumented workers. They stabbed and tortured the men. An all-white jury acquitted the Hannigans but protests led to another trial in 1981 and they were found guilty.

•

George Hannigan y sus dos hijos secuestraron a tres trabajadores indocumentados. Ellos despojaron, acuchillaron, y torturaron a los tres. Un jurado absolvió a los Hannigans. En 1981 se dió otro juicio y les hallaron culpables.

175

Francisco (Kiko) Martínez looking at the "Wanted" ad for him/ve que es "Buscado"

San José, Ca.: Protest against police killing of unarmed Daniel Treviño in 1976/contra el asesinato de un joven desarmado

Albuquerque, N.M.

JUSTICIA U.S.A.

In the late 1970s Chicanos protested repeated abuse by "law and order" forces. During one short year, 1978, and in one city, Houston, police killed 18 Chicanos. In the 14-year persecution of "people's lawyer" Kiko Martínez, he was put on trial again and again for mailing letter-bombs and never convicted of anything thanks to a strong, determined defense effort.

A fines de los 70s, los chicanos protestaron los abusos de las fuerzas de "ley y orden". En una sola ciudad, Houston en el corto plazo del año 1978, el cuerpo policiaco asesinó a 18 chicanos. En una persecución que duró 14 años, el abogado Kiko Martínez fue enjuiciado repetidamente por alegaciones de haber enviado bombas por correo—pero jamás fue convicto de ninguno de los cargos.

Brown Berets march in Laredo against police repression 1978/contra la represión policiaca

176

University of New Mexico 1978

Seattle, July 1978: Rally at U.S. courthouse against Bakke decision

ROLLING BACK THE GAINS OF THE 60s

•

RETROCESO A LO GANADO EN LOS 60s

Denver 1987: Fighting "English Only"

Nuestras victorias del movimiento fueron atacadas a fines de los 70s cuando las fuerzas reaccionarias obraron para invertir programas como Acción Afirmativa. En la Decisión Bakke de 1976, la suprema corte de California se declaró a favor de un estudiante blanco que reclamaba que él sufrió discriminación inversa cuando no logró entrar a la escuela de medicina que reservaba ciertos puestos para minorías. Después llegó la campaña del "U.S. English" para declarar al inglés el idioma oficial nacional. Tal ley actualmente pasó en California y otros estados. El significado real de esta campaña era el rechazo como esencialmente "un-American" de programas bilingües o cualquier cultura no-mayoritaria: uno debe asimilarse y hablar el idioma de identidad nacional.

Our victories of the movimiento came under sharp attack in the late 1970s as the forces of reaction worked to reverse programs like Affirmative Action. In the 1976 Bakke Decision, California's Supreme Court ruled in favor of a white student who claimed he had suffered "reverse discrimination" when he failed to get into a medical school that reserved some slots for minorities. Later came the "U.S. English" campaign to declare English the official national language. Such a law actually passed in California, Colorado and other states. The real meaning of this campaign, which continues today, is rejection of bilingual programs or any non-majority culture as essentially un-American: one should recognize only one language of national identity and assimilate.

The Weather
ALBUQUERQUE—
Variable high cloudi-
ness, mild today. High
today near 60. Low to-
night upper 20s to lower
30s. Details on page F-7.

ALBUQUERQUE JOURNAL

New Mexico's
Leading Newspaper
Good Morning
Today's National And
World News Begins On
Page A-6
100th Year No. 34   152 Pages in 12 Sections   Sunday Morning, February 3, 1980   Price: Daily 20¢; Sunday 35¢   ★ ★ ★ ★

Inmates Riot, Control Prison— 11 Hostages Alive, Fate Unclear

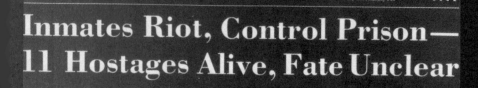

Five Slain, 26 Injured In Takeover

By THOMAS DAY
And ANA MARIE FENIMORE
Journal Staff Writers

SANTA FE — Five prisoners were reported killed Saturday in a riot at the New Mexico Penitentiary. Eleven prison guards — their conditions uncertain — remained hostages Saturday night.

About 250 of the 1,136 prisoners took control of the prison about 2 a.m. Saturday. Two guards, making late rounds, were reportedly overpowered in one of the cellblocks.

State Corrections officials said nearly 700 prisoners were still inside prison buildings late Saturday, but they said there was no single leader and that only about 250 inmates were involved in the takeover.

Another 450 prisoners gave up and were under guard in the prison recreation yard. Warden Jerry Griffin said at a late night press conference Saturday.

.d just kill us.
.d just kill us.
.d just kill us.
.d just kill us.
.d just kill us.
.d just kill us.

Coalition for Prisoner's Rights

PRISONERS ARE PEOPLE TOO

REMEMBER ATTICA

February 2-3
•
Febrero 1980

At New Mexico's state penitentiary, 33 men—all prisoners, mostly Chicanos and other persons of color—were killed during a 1980 takeover. Severe over-crowding was the major problem behind the uprising. For days many Chicano families and friends kept a vigil at the prison, trying to find out if their relatives were alive. The Coalition for Prisoners' Rights in Santa Fe organized an annual observance of the event for 10 years. The uprising spurred limited reforms under the Durán Consent De-cree but the prison population of N.M. has doubled and huge problems remain.

•

Durante la toma de 1980 de la peniten-ciaría estatal de Nuevo México, 33 pri-sioneros, la mayoría de ellos chicanos y otras personas de color, fueron asesi-nados. El problema principal del levan-tamiento fue la sobre población de prisioneros. Por varios días muchas familias y amigos chicanos vigilaron la prisión para informarse si sus familiares estaban vivos. La Coalición de Dere-chos Pro Prisioneros de Santa Fe orga-nizó un recordatorio anual por 10 años. La revuelta causó reformas limitadas bajo el "Durán Consent Decree", pero la población de reclusos se ha duplicado y enormes problemas permanecen.

1987 anniversary observance of prison rebellion/recordatorio del levantamiento

East Los Angeles

Reagan Elected, the Right Takes Power

Con la elección de Reagan, fuerzas derechistas desmantelaron programas de beneficio sociales, y los avances ganados en los '60. La recesión también nos pegó duro. El derecho usó su poder para hacer a los ricos más ricos, mientras que a los pobres más pobres. Ellos controlaron las instituciones como las cortes para garantizar el reino de la avaricia. Por 1984, el 42% de todos los niños latinos y 25% de nuestras familias vivían en pobreza.

With the election of President Ronald Reagan, rightwing forces accelerated the rollback of gains won in the 60s and social programs. The recession also hit us hard. The right used its power to make the rich get richer while the poor got poorer. They took over institutions like the courts to guarantee the Rule of Greed. By 1984, 42% of all Latino children and one-fourth of our families lived below the poverty level. ¡Sal si puedes!

Tucson

ARIZONA MINERS CRY ¡HUELGA!

1983-86

Los mineros del cobre de la zona de Arizona Clifton-Morenci, la mayoría mexicanos, han luchado por más de 80 años. El primero de julio de 1983 se lanzaron en huelga contra la compañía Phelps-Dodge cuando esta impuso severos recortes de salarios, beneficios médicos, y seguridad. Su lucha se convirtió en un movimiento popular. Después de que los huelguistas bloquearon la entrada a las minas, centenares de miembros de la guardia nacional y tropas policiacas estatales forzaron a reabrirlas. Pese a los ataques en helicópteros y gases lacrimógenos los mineros se mantuvieron firmes. La huelga finalizó en 1986 después que el gobierno decidió en contra de ésta.

The copper miners of Arizona's Clifton-Morenci area, who are mostly Mexican, have been struggling for over 80 years. When the Phelps-Dodge company tried to impose brutal cuts in wages, benefits, and safety, workers struck on July 1, 1983. Their struggle soon became a community movement. Strikers closed the mine with pickets, then hundreds of heavily armed National Guardsmen and state troopers reopened it by force. Still the strikers stood strong in the face of scabs, tear gas, and National Guard helicopter attacks that were like a wartime invasion. The strike did not end until the U.S. government ruled against it in 1986.

Los trabajadores de la Phelps-Dodge
en El Paso, Tex. también se lanzaron
en huelga y también sufrieron la
brutalidad del estado

•

Workers at Phelps Dodge in El
Paso, Tex. also struck during this
period and met similar brutality

¡Que Viva Watsonville!

Watsonville—"la capital del mundo en productos congelados"—es un pueblo pequeño en el norte de California donde la mano de obra mexicana ha sido indispensable por mucho tiempo. En los últimos 20 años, La Raza ha luchado frecuentemente por la justicia y por acabar con el racismo.

Una lucha de 3 años contra abusos de la migra incluyó una vigilancia en 1984 frente del municipio en memoria de personas que murieron cuando huían de agentes del "INS". Finalmente, los supervisores del condado decidieron actuar. El 8 de febrero de 1985, en una junta donde se rindió testimonio sobre abusos de la migra (véase foto), se formó un "task force" para vigilar localmente al INS.

En septiembre de 1985 explotó la gran huelga de 18 meses encabezada por 1,700 enlatadores, la mayoría mujeres mexicanas y muchas de ellas madres solteras. En un momento dado 22 personas peregrinaron en rodillas por un acuerdo. Al día siguiente, los trabajadores recibieron una oferta aceptable— un contrato con beneficios médicos.

En otra lucha, La Raza presentó un exitoso litigio para cambiar los distritos electorales de Watsonville. Se llevó a la suprema corte estadounidense, la cual decidió a su favor y un latino fue elegido al concilio municipal.. Pero esta victoria se dió en un momento de destrucción y muerte causado por el terremoto del 17 de octubre, el cual dejó a mucha Raza viviendo en carpas. Y aún quedaban muchos más problemas por venir...

The Story Of Watsonville

Watsonville—"frozen food capital of the world"—is a small northern California town where Mexican labor has long been crucial. For 20 years it has seen many efforts by Raza to win justice and end racism.

A 3-year struggle against Migra abuses included actions like a candlelight vigil at City Hall in 1984 in memory of people who died fleeing INS agents. At a meeting where witnesses testified about Migra abuses, officials finally acted. They created a task force to monitor the INS locally, the first of its kind in the U.S. (see photo).

In Sept. 1985 came the great 18-month strike by 1,700 cannery workers, mostly Mexican women and many of them single mothers. The long battle against cuts in wages and benefits went up and down. At one point 22 people prayed for a settlement by making a traditional Catholic procession on their knees. The next day, the workers received an offer they could accept—a union contract with medical benefits.

In yet another struggle Raza brought a voting rights lawsuit to win representation. It went all the way to the U.S. Supreme Court, which ruled in their favor, and a Latino was elected to the City Council. But this victory came at a time of death and destruction from the Oct. 17, 1989 earthquake that left many Raza living in tents. And still more problems were to come...

183

Above/arriba: March 11, 1987 the day workers ratified new contract

Terremoto/earthquake del 17 octubre 1989

A NEW BLOW TO WATSONVILLE/NUEVO GOLPE

With people still recovering from the earthquake, one of Watsonville's biggest employers—Green Giant—laid off almost 400 longtime workers in 1991. It moved most of those jobs to Irapuato, Mexico, paying about $4 a day there. Workers called for a boycott of Green Giant, Pillsbury, Burger King, and Haagen Dazs, all owned by the same transnational. They demanded more aid to the laid-off workers, better pay and benefits for the Irapuato workers.

En 1991, cuando aún estaban recuperándose del terremoto, una de las empresas más grande de Watsonville—Green Giant—despidió a casi 400 trabajadores antiguos. La mayoría de esos empleos fueron trasladados a Irapuato, México. El grupo Trabajadores Desplazados lanzó un boicot. Demandaron mas compensación para ellos y mejor pago para los trabajadores en Irapuato, y también respeto para el medio ambiente mexicano.

Other Plant Closures/Más Cierres de Fábricas

When two plants of an Electrolux-owned company in Los Angeles closed down in 1990, the workers—almost all Mexican and mostly undocumented—demanded decent severance benefits, "not peanuts!" In Van Nuys, California, GM factory workers managed to keep the plant open with many protests from the community as a whole.

Cuando se cerraron dos plantas de Electrolux de Los Angeles en 1990, los trabajadores demandaron justo pago adicional y no "cacahuates." En Van Nuys, California, los trabajadores de GMC lograron mantener la fábrica abierta por medio de protestas fuertes no solamente de los trabajadores sino de la comunidad en su totalidad.

Above/arriba: Hunger strike/
huelga de hambre Nov. 1990

Fuerza Unida at Levi's Headquarters, San Francisco, 1992

Trabajadoras Abandonadas Por Levi's

Right/derecha: Fuerza Unida
boycott July 27, 1990

Below/abajo: Acción en 6 ciu-
dades/Regional Day of Action
Sept. 28, 1990, San Antonio

Runaway Levi's Cuts 1,115 Workers, 95% Chicanas And Mexicanas

In 1990 Levi Strauss said it was closing a factory in San Antonio and moving the work to Costa Rica to lower costs, while announcing record profits! The workers formed "Fuerza Unida" with workers laid off in 23 other Levi's plants and public workers. They called a boycott, went on a hunger strike—and won concessions.

•

A pesar de grandes ganancias Levi Strauss anunció en 1990 el cierre de una fábrica en San Antonio y trasladó el operativo a Costa Rica para reducir costos. Los trabajadores, la mayoría mujeres, junto con trabajadores de otras 23 fábricas de la empresa y con empleados del servicio público fundaron "Fuerza Unida". Ganaron concesiones a costa de boicot y huelga de hambre.

185

JUSTICIA
FOR JANITORS

Latino janitors in Los Angeles won their first victory in June, 1990 despite vicious police repression. They struck against International Service Systems (ISS) which contracts to clean buildings in Century City, kingdom of high finance. During a peaceful demonstration, police attacked Justice for Janitors and injured 60 (one pregnant woman miscarried). But the workers won union recognition (SEIU Local 399), a raise, sick pay and other benefits. On to new struggles!

•

A pesar de la viciosa represión policiaca, los *janitors* (conserjes) Latina/os ganaron su primera victoria en junio de 1990 en Los Angeles, Ca. Se lanzaron en huelga contra "International Service System" (ISS), una contratista para la limpieza de oficinas de los edifícios de Century City, reino de las altas finanzas. Durante una manifestación pacífica, cuerpos policiacos atacaron a miembros de "Justice for Janitors" hiriendo a 60 personas. Una de las personas heridas fue una mujer embarazada quien sufrió un malparto. Pero ganaron el reconocimiento sindical (SEIU Local 399), aumento salarial, derechos médicos y otros beneficios. ¡Adelante hacia nuevas luchas!

June 15, 1990

¡QUE VIVA LA MUJER OBRERA!

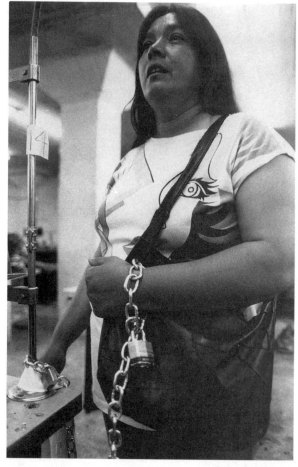

June 21, 1990

Hunger strike/huelga de hambre

La Mujer Obrera is a labor rights group fighting the brutal exploitation of women garment workers in El Paso, Texas. These women work in sweatshops with no sick pay or paid holidays. Toxic chemicals, lack of ventilation, and sexual harassment are common. Bosses often refuse to pay medical bills for on-job injuries. In June, 1990, 15 workers chained themselves to sewing machines to demand unpaid back wages (see photo). Then a Dept. of Labor investigation finally confirmed that 22 businesses owed 1,000 workers about $85,000 in back pay. In August, on a street-corner, eight women went on a weeklong hunger strike to demand their money. One company promised reforms; the struggle goes on.

Rally during hunger strike/durante la huelga de hambre

La Mujer Obrera es una agrupación de mujeres de derechos laborales que lucha contra la explotación brutal de las costureras de El Paso. Trabajan en "sweatshops" sin beneficios médicos ni derecho a vacaciones pagadas. Es común los químicos tóxicos, la falta de ventilación y los acosos sexuales. En junio de 1990, 15 trabajadoras se encadenaron a las máquinas de coser demandando sueldos atrasados (véase foto). Una investigación del Departamento del Trabajo confirmó que 22 empresas debían a 1,000 trabajadoras más o menos $85,000 en sueldos retrasados. En agosto ocho mujeres hicieron huelga de hambre en una esquina del calle por toda una semana demandando los sueldos atrasados (véase foto). Una empresa prometió reformas laborales.

187

Los Angeles: Day laborers/jornaleros demand respect: "We want to work"

Golden, Colo. 1977: Coors strike and boycott continue/la huelga y boicot contra Coors continuan

Other Raza Workers Say: Chale con los patrones

Los Angeles, garment workers/costureras

Above: 1989 Harris Ranch (Cal.) beef workers vote to strike/huelga
Abajo: 1978 Greeley, Colo., Longmont Turkey Processing Plant

Victoria Mercado 1951-1982

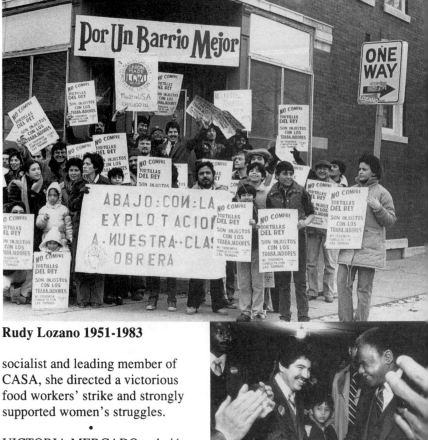

Rudy Lozano 1951-1983

VICTORIA MERCADO worked in California fields and canneries, later in warehouses and factories. A highly effective union organizer and Communist Party member until she was mysteriously murdered, she also stood for Chicano-black unity. RUDY LOZANO of Chicago's Pilsen barrio was a labor leader who defended the undocumented and founded CASA-HGT. He helped build the coalition of black, Latino and white voters who elected Mayor Harold Washington (see photo). He was brutally assassinated, possibly because he had knowledge of barrio corruption. Farmworker RUFINO CONTRERAS was killed during the 1979 UFW lettuce strike in the Imperial Valley, California. He entered the fields to talk with strikebreakers and three men shot him. MAGDALENA MORA, child of migrant workers, was a devoted labor organizer, teacher, and journalist until her death from cancer. A socialist and leading member of CASA, she directed a victorious food workers' strike and strongly supported women's struggles.

•

VICTORIA MERCADO trabajó en los campos, enlatadoras, bodegas y fábricas de California. Fue una gran sindicalista y miembro del Partido Comunista hasta su misteriosa muerte. RUDY LOZANO, del barrio Pilsen de Chicago, fue un líder obrero defensor del indocumentado y fundador de CASA-HGT. Ayudó en la formación de la coalición de votantes que eligió al presidente municipal Harold Washington. Fue asesinado. RUFINO CONTRERAS, trabajador agrícola fue asesinado durante la huelga del "UFW" en el Valle Imperial. MAGDALENA MORA, hija de trabajadores agrícolas, fue una dedicada organizadora obrera, maestra y reportera hasta su muerte de cáncer. Socialista y miembro activo de CASA, dirigió una victoriosa huelga y apoyó las luchas de las mujeres.

Fighters for la causa obrera

Recent examples of gente who have given their lives to the struggle for workers' rights and social justice.

•

Algunos ejemplos de personas que entregaron su vida en la lucha por los derechos de obreros y la justicia.

Rufino Contreras 1951-1979

Magdalena Mora 1952-1981

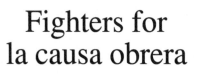

Los Angeles, Nov. 22, 1989:
Father Luis Olivares arrested
protesting U.S. policy in El
Salvador shortly after killing of
Jesuits/después del asesinato de
los padres en El Salvador

Austin, Texas 1986

PRIMARY **TARGETS** OF
CONTRA TERRORISM ARE
CIVILIANS:
 - MIDWIVES
 - TEACHERS
 - COFFEE HARVESTERS

Los Angeles 1985

Portable mural by
Leopoldo Tanguma
on Central America,
for La Causa in
Portland, Oregon   190

Los Angeles

No a la intervención en Centroamérica

In opposition to U.S. policy Chicanos have demonstrated in the U.S., sent caravans of medical supplies to Central America, gone on work brigades to build schools or day-care centers, painted murals, published newsletters, and offered sanctuary. In Albuquerque, writer Demetria Martínez and a minister were tried for having brought two Salvadoran women there as sanctuary, but acquitted. Student groups like CAMILA in Texas have also helped reduce U.S. aid to dictators and terrorists.

Demetria Martínez after her 1989 acquittal/inocente

Los chicanos han demostrado su oposición a las políticas estadounidenses enviando caravanas de materiales a centroamérica, pintando murales, yendo a trabajar en brigadas y publicando periódicos. En Albuquerque, la escritora Demetria Martínez y un ministro fueron enjuiciados por haber traído dos salvadoreñas allí como santuario, pero fueron exonerados. Organizaciones estudiantiles como CAMILA también han ayudado en reducir ayuda estadounidense a dictaduras y terroristas.

Los Angeles

Austin, Tex. 1988: Manifestación de Veteranos Pro-Paz y Chicanos Against Military Intervention in Latin America (CAMILA)/march by Veterans for Peace and CAMILA

Left/izq: Venceremos Brigade 1982, con varios Chicanos, en Cuba. Above/arriba: Grupo Moncada from Cuba in Seattle, 1986, concert sponsored by Centro de la Raza

SOMOS UNO PORQUE AMÉRICA ES UNA

México • Cuba • Puerto Rico

Denver 1980: Puerto Rican independentistas after release from U.S. prison/después de salir libre: Rafael Cáncel Miranda, Irvin Flores, Oscar Collazo (1, 2, 4 from left/de la izq.)

En solidaridad con nuestras compañeras/os cubanos, muchos Chicanos han roto el bloqueo contra Cuba viajando allá. Hemos apoyado la lucha de independencia de Puerto Rico, otro pueblo colonizado. La solidaridad con mexicanos ha surgido, alentada por la visita de Cuauhtémoc Cárdenas (por medio de fraude fue impedido de ser presidente) y el "Tratado de libre comercio" de los capitalistas el cuál significa libertad para explotar.

In solidarity with our sisters and brothers many Chicanos have broken the blockade against Cuba by traveling there. We have supported the independence struggle of Puerto Rico, another colonized country. Solidarity with mexicanos has grown, spurred by the historic visit in 1989 of Cuauhtémoc Cárdenas (prevented by fraud from becoming president) and the capitalists' "Free Trade Agreement" that means freedom to exploit.

San José 1990: 1st Calif. state conference of cardenistas, Partido de la Revolución Democrática (PRD)

Chicago 1989: contra el fraude electoral en México

El Centro de la Raza
Seattle 1972-92

Para gente de toda raza ....
A community center for poor and working people

The Centro de la Raza, located in an abandoned school building taken over by Chicanos 20 years ago in Seattle, was forged from the struggle against racism. It seeks to meet cultural, political, and social needs. A large staff under director Roberto Maestas maintains many projects including a "Hope for Youth" program that teaches theater and art; a coalition of community service groups that was founded by the Centro; many international activities such as sending a delegation to Nicaragua that met with Daniel Ortega; and building coalitions with Native Americans (see photos).

El Centro, ubicado en una escuela abandonada tomada por Chicanos hace 20 años, se forjó de la lucha contra el racismo y la explotación. Hoy, bajo la dirección de Roberto Maestas mantiene proyectos por alcanzar las necesidades culturales, políticas, y sociales de la comunidad. Incluyen un programa que enseña teatro y arte, "Esperanzas para la Juventud"; una coalición de grupos de servicios a la comunidad, fundada por el Centro; varias actividades internacionales tales como el envió de una delegación a Nicaragua que se encontró con Daniel Ortega; y el establecimiento de coaliciones con Indígenas (véase fotos).

193

200 people demonstrate against aid to the contras attacking Nicaragua March 1989/contra la ayuda a los contras

Latinos demand that bilingual education not be cut at an April 1991 hearing; Kagel school is 79% Latino/latinos demandan que no se recorte la educación bilingüe en una audiencia

LA RAZA IN MILWAUKEE

About 80 years ago the first Chicanos/Mexicanos came to Milwaukee, most of them from San Antonio or Mexico. As elsewhere, they encountered racism. Their struggle accelerated in the 60s, especially with the work of the Latin American Union for Civil Rights and activists Ernesto Chacón and Ted Uribe. One of the Union's recent victories was establishing the 3-day Fiesta Mexicana. *La Guardia,* a bilingual Chicano movement newspaper from 1969-83, made its mark nationwide. Today the southside contains a large Latina/o population as well as African Americans, Hmong, and Laotians. These groups have built alliances on various issues.

1991: Rose Guajardo, only Latina public school principal and a pioneer in bi-lingual education/única directora latina de las escuelas públicas y una pionera en la educación bilingüe

Grupo Balet Folklórico 1990

Hace 80 años los primeros chicanos/mexicanos llegaron a Milwaukee, la mayoría de ellos de San Antonio o México. Como en otros lugares, se toparon con el racismo. Su lucha se aceleró en los 60s, especialmente con la ayuda de la Unión Latinoamericana por Derechos Civiles y de los activistas Ernesto Chacón y Ted Uribe. Una victoria reciente fue el establecimiento de la Fiesta Mexicana que dura 3 días. *La Guardia*, un periódico bilingüe del movimiento Chicano de 1969-83 se amplió nacionalmente. Hoy el sur de Milwaukee tiene una población de latinos y africano americanos, hmong y laocianos, quienes han establecido alianzas en varias causas, pues todos tenemos que enfrentar el racismo.

Clinic offers a "new beginning" to those with drug and alcohol problems/clínica ayuda a los adictos a las drogas y el alcohol

Columnist Yolanda Ayubi introduces Black Panther leader Michael McGee to a Hispanic Coalition meeting 1990/reunión

June 1991: Latinos demand the Board of Supervisors create a Hispanic electoral district; they lost that day but carried on/latinos demandan que los Supervisores funde un distrito electoral Hispano; ese día perdieron pero siguieron

195

Topeka, Kansas 1978: Grand opening, new Senior Center/gran apertura, el nuevo Centro de Ancianos de LULAC de multiples servicios

Omaha, Neb. 1984: Chicano Awareness Center with programs in child development, ESL, community organizing/Centro con varias actividades

WORKING TOGETHER IN THE MIDWEST

Lansing, Mi. June 15, 1990: Midwest Hispanic Unity March/marcha de unidad

Chicago 1989: Mesa directiva/board of the Midwest Coalition to Defend Immigrants (CMDI), su última convención

Dr. Jesús (Chuy) Negrete Q. of Chicago, one of several Midwest artists who emerged in the movimiento years/artista de Chicago que surgió en los años del movimiento

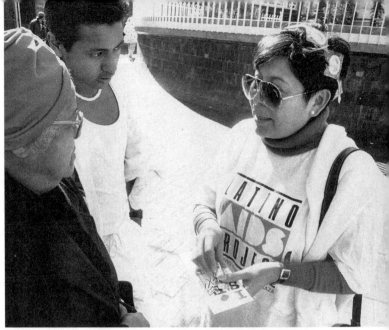

Albuquerque: Educación sobre el SIDA

San Francisco: Latino AIDS education project 1989

Luchando por servicios médicos • Health Care

Weslaco, Tex.: Mexican child refused admission for lack of money and died/niño mexicano murió por falta de dinero

Sacramento, Ca. 1990: Protesting cuts in health care/marcha contra recortes de fondos

Acción popular puede lograr la diferencia en servicios médicos. En la epidemia del SIDA, el 16% de las víctimas son Raza y hasta el 25% de las víctimas femeninas son latinas. La educación ha reducido la proporción. En Cornelius, Ore. la comunidad latina obligó a que se abriera una clínica cuando una mexicana de 6 años, Virginia García, murió por falta de traducción al español (vea pintura de Virginia). La Clínica de La Raza de Oakland, Ca. da servicio a 8,000 familias. La Clínica de La Gente de Santa Fe, N.M. tuvo que cerrar cuando la iglesia vendió el edificio para uso comercial.

Community action can make a difference. 16% of all AIDS victims are Raza and up to 25% of the women victims are Latinas. But education has reduced the rate. In Cornelius, Oregon the Latino community compelled opening of a clinic when a 6-year old Mexican girl Virginia García died for lack of Spanish-speaking personnel (see photo of director with painting of Virginia). The Clínica de La Raza in Oakland, Ca, started by local Latinos with students, now serves 8,000 families. La Clínica de La Gente in Santa Fe had to close when the church sold its building for commercial use.

197

We need housing and education

Our housing struggles often include unjust evictions, as at the Ironwood apartments in Texas, 1987 (see photo at left) or Rancho Verde apartments in San José, Ca. where tenants including 1900 children fought many months to save their low-income housing from being converted to market rentals. In education we work for bilingual counselors and teachers, and other reforms to benefit all students. During the Reagan-Bush years Raza and other parents have also had to oppose brutal cutbacks in school funding.

Nuestras luchas de la vivienda a menudo incluyen *evictions* (desahucios) injustos, como en los departamentos Ironwood de Texas, 1987 (vea foto a la izq.) o en los departamentos Rancho Verde de San José, Ca. donde los inquilinos, incluyendo 1900 niños, lucharon por varios meses para evitar que sus viviendas de bajo costo se convirtieran en rentas de mercado. En educación luchamos por consejeros y maestros bilingües y otras reformas beneficiosas a todos. La Raza y otros padres también han tenido que oponerse a recortes brutales.

San José, Ca. 1990: El Rancho Verde tenants march/iniquilinos marchan

San José 1989: Rancho Verde tenants at City Hall protest threatened evictions/protestando amenaza de desalojo

Houston, Tex. 1989: Parents demand reforms including bicultural programs/padres buscan reformas incluso programas biculturales

Sacramento, Ca. 1987: 7,000 march at state capital for education/ marcha para demandar derechos de educación

Albuquerque, Sept. 1991: "March Against Gang Violence" organized by Youth Development Inc. (YDI)

YDI mural project involving barrio gang members/ Proyecto de pintar murales con miembros de pandillas

YOUNG IN 'BURQUE
JOVEN EN ALBUQUERQUE

¿Qué pasa cuando uno es joven y Raza en Albuquerque? Lo mismo que en otras ciudades o quizás peor. Desde los 9 años empieza el problema de alcoholismo en Nuevo México. La tasa de desempleo en la juventud es cuatro veces más alto que en la población general. El índice de embarazo en las jovencitas es el séptimo más elevado en los Estado Unidos. Cada año 20,000 jovenes son arrestados, y muchos de ellos son asesinados por el cuerpo policiaco de Albuquerque. El vínculo entre pobreza y malestar social no puede estar más claro: sólo cuatro estados están en un nivel más bajo en ingresos per capita que Nuevo México. Enfrentando tales condiciones, las organizaciones populares actúan con la juventud en la creencia de que—"no le des nada a un niño y no habrá futuro"...

What is it like to be young and Raza in Albuquerque? Just what it's like in many other cities or perhaps even worse. New Mexico leads the nation in per capita alcoholism and alcohol abuse there begins at the age of nine. The unemployment rate for youth is four times higher than for the general population. The teenage birth rate is seventh highest in the United States. Every year over 20,000 arrests of young people take place, and too many have been killed by the Albuquerque Police Department (APD). The link between poverty and social ills could not be clearer: only four states are below New Mexico in per capita income. Against such odds, community organizations work with youth in the belief that "give a child nothing and the future holds nothing."

UCLA 1985: Protesta contra Beta Theta Pi por sus "fiestas" racistas que se vió de nuevo 1990/protest against fraternity theme party, repeated in 1990

New York, 1983: Members of Aztlan East, Chicanos mostly from the Southwest at eastern colleges/organización de chicanos del suroeste en universidades del este

Estudiantes de UCLA se oponen al desmantelamiento de Chicano Studies/UCLA students oppose dismantling of Chicano Studies major at chancellor's office, April 1990

Below/abajo: Los Angeles 1986 students against war on Nicaragua/estudiantes contra la guerra de Reagan en Nicaragua

Students protest fund cuts from UCLA newspaper 1983/protestando recortes de *La Gente*

STUDENTS SPEAK OUT
Que hablen los estudiantes

Chicano Moratorium
Los Angeles 1970

MEChA recruiting high school students to
UCLA 1981/reclutando estudiantes para colegio

Univ. of New Mexico students hold sit-in to protest tuition
increase/estudiantes protestando alza de matrícula 1988

Raza students, like others, struggle against unfair admission policies, increased tuition and fees, cuts in course offerings, elimination or co-opting of Chicano Studies, and reduced scholarship aid. The question that then arises is: who can afford to go to college? Students have also had to combat direct racism. One example is the "theme parties" held by some fraternities where stereotypes of mexicanos (or other groups) are the butt of jokes. Everywhere, we fight the battle for multicultural education or "diversity."

•

Los estudiantes de la Raza, como otros, protestan contra injustas reglas de admisión, alza en matrícula y pagos, recortes de materias, eliminación de Estudios Chicanos, y rebajas de becas. Todos preguntan: ¿Quién puede pagar para ir a la universidad? Estudiantes Raza también han tenido que superar el racismo en varias áreas, como "las fiestas étnicas" de ciertas fraternidades donde usan para sus chistes los estereotipos racistas sobre mexicanos (u otros grupos). Una batalla importante de hoy es por la educación multicultural o "diversificada".

UCLA rally 1988

Greeley, Co. 1984: personas que ayudaron a pintar un mural/ they helped paint a mural telling history of the movement

Roswell, N.M. community center 1976-89

Coming Together En la comunidad

Raza survive and advance in community ways: this is the heart of our organizing. Our neighborhood centers often serve as important organizations to defend Raza rights, and form part of regional networks. Denied power in the mass media, we have created our own—like the bilingual radio movement. As of 1991 there were 14 Latino-controlled stations in the U.S., 12 of them bilingual. Radio Cadena in Seattle is a good example, serving as the voice of farm-workers. In parts of the Southwest, the Raza Unida party continues as an organizing alternative to mainstream electoral politics.

•

La Raza sobrevive y avanza en forma comunitaria. Nuestros centros populares sirven como organizaciones importantes para defender los derechos de la Raza, y forman parte de una red regional. Como se ha negado el aceso a los medios de comunicación, hemos creado nuestros propios medios como el movimiento radio bilingüe. En 1991 existían 14 estaciones de radio controladas por latinos en los E.E.U.U., 12 de ellas bilingües. Un buen ejemplo es Radio Cadena de Seattle, sirviendo como la voz de los trabajadores agrícolas. En ciertas áreas del suroeste, el Partido de la Raza Unida continúa como alternativa organizativa en la política electoral.

Below/abajo, Albuquerque 1982: dance/baile en Casa Armijo, which was founded by/fundada por People United for Justice

Fresno, Ca: Norteño festival at Radio Bilingüe, which now has 4 stations/ahora tiene 4 estaciones

Río Arriba, N.M. 1980 candidates for state and county office included Linda Pedro (below) and longtime activist Moisés Morales

Denver 1986: march to state capitol by NCHRC, Big Mountain supporters and Diné elders/marcha al capitolio

United Nations, Geneva 1987: Chicanos from NCHRC form/forman parte del/International Indian Treaty Council delegation to Human Rights Comm.

BUILDING INDIGENOUS LINKS

Los chicanos han apoyado activamente las luchas de los pueblos Diné (Navajo) y Hopi en Big Mountain y Mount Taylor. En Nuevo México, chicanos e indígenas se han vinculado en el Instituto de Tierra Tonantzin, fundado en 1982 para combatir amenazas de *developers* privados y del gobierno. También ha trabajado para reestablecer las relaciones históricas entre los pueblos indígenas incluso chicanos. En Denver el National Chicano Human Rights Council (NCHRC), anteriormente el "Treaty of Guadalupe Hidalgo Project," junta a chicanos e indígenas para que avancen sus derechos humanos bajo el tratado y acción en las cámaras de las Naciones Unidas.

•

Chicanos have been active in supporting Diné (Navajo) and Hopi struggles at Big Mountain and Mt. Taylor. In New Mexico, Chicanos and Native Americans come together at the Tonantzin Land Institute, founded in 1982 to combat threats from private developers and government. It has also worked to reestablish the historic interrelationship between indigenous peoples including Chicanos. In Denver the National Chicano Human Rights Council (NCHRC), formerly the "Treaty of Guadalupe Hidalgo Project," brings Chicanos and Native Americans together to advance their human rights through use of the treaty and action at United Nations bodies.

Santa Fe, 1988: 250 Chicanos and Native Americans organized by Tonantzin Land Institute demand land and water rights from Governor/chicanos e indígenas demandan derechos de tierra y agua; Below/abajo: South Dakota, 1980: Chicanos and other Latinos participate in ceremonies on Rosebud Reservation

N.M. 1991: Ganados sheep being moved/trasladando las ovejas

Los Ojos, N.M.: Kika Chávez weaving goods for Tierra Wools from Ganados sheep/tejiendo bienes de lana

Defendiendo la tierra

La Raza de Nuevo México que vive en sus tierras sostienen una lucha constante para sobrevivir económica y culturalmente y contra los *developers*. En Los Ojos, en 1983 nació una cooperativa para criar ovejas y después tejer la lana, utilizando temas tradicionales. Bajo la dirección de María Varela y Antonio Manzanares, Ganados del Valle prosperó aún con serios problemas de pastoréo.

En otros lugares, la lucha contra los desarrolladores comerciales se intensificó cuando una compañia planeó poner condominios que iban a perjudicar al pueblo de Valdéz, cerca de Taos. En el "Atrisco Land Grant"—otra comunidad tradicional con base en la tierra y el agua—la Raza ha luchado contra Westland Development Corp. por años.

•

Raza living on the land in New Mexico wage a constant struggle for economic and cultural survival, and against commercial developers. In the northern village of Los Ojos, a cooperative was born in 1983 to raise sheep and then weave goods from the wool using traditional motifs. Ganados del Valle thrived, under the leadership of María Varela and Antonio Manzanares, despite serious problems in getting grazing land. Elsewhere, the struggle against developers raged when a company planned to put up condos that would devastate the tiny village of Valdéz near Taos. On the Atrisco Land Grant—another traditional land and water-based community—Raza have fought for years against the Westland Development Corp.

Arriba: Atrisco meeting. Abajo: Marcha contra los condos

Derecha/right: Daniel Aguilar

The Spirit of Tierra Amarilla Lives ¡Que Viva!

El Consejo de La
Tierra Amarilla*

Por más de un siglo la Raza del norte de Nuevo México ha luchado contra los usurpadores gringos. Tierra Amarilla, sitio del famoso asalto a la corte de 1967, volvió a la historia en 1988-89. Cuando unos *developers* trataron de remover a una familia que había vivido en un terreno por décadas, gente del pueblo se preparó para resistir con armas, construyeron fortínes y levantaron su bandera. Se formó El Consejo. Pedro Arechuleta, uno de los miembros y activista de mucho tiempo, viajó por todo el suroeste para recoger apoyo. Al fin, el pueblo ganó una rara victoria en la corte contra los *developers*.

For over a century Raza in northern New Mexico have fought for land and water rights against gringo landgrabbers. The village of Tierra Amarilla, scene of the famous 1967 courthouse raid, made history again in 1988-89. When developers tried to throw a family off land they had occupied for decades, local residents organized an armed occupation, built bunkers, and raised their flag. The Consejo (Council) de La Tierra Amarilla was formed from the community. Longtime activist Pedro Arechuleta travelled through the Southwest to win support. Finally the people won a rare victory in court against the developers.

* Members and friends/miembros y amigos. Back row/atrás, left to right/izq. a der.: Mahlon Murphy, Elton Walker, Pedro Arechuleta, Daniel Aguilar, Raúl Flores, Pedro Arechuleta, Sr., Rafael Flores, Cruz Aguilar, Rachel Walker, Miguel Aguilar. Middle row/en medio: Fidelina Flores with Federico, Modesta Martínez, María Antonia Archuleta, Alejandrina Flores with Esperanza, Gregorita Aguilar, Anna María López, Stella Aguilar. Bottom row/en frente: Matthew Walker, Tomás Aguilar, Federico Aguilar.

205

Las Vegas, N.M. 1990: march to support workers who struck at a polluting fiber board plant and were fired/ marcha en apoyo a huelguistas despedidos

Members of the Southwest Network for Environmental & Economic Justice, which was initiated by SWOP/ miembros del SNEEJ iniciada por SWOP

Albuquerque 1990: Jesse Jackson, SWOP co-director Richard Moore (in back), and resident Henry Garley on a toxics tour/ el grupo en gira de areas tóxicas

SWOP tour of toxic dumping areas/gira de áreas impactadas por desagüe de tóxicos. Below/abajo: SWOP co-director Jeanne Gauna

FIGHTING ENVIRONMENTAL RACISM

Founded in 1981, the SouthWest Organizing Project (SWOP) is a multi-racial, multi-issue organization that works for social and economic justice in the Southwest. Based in Albuquerque, N.M., it has won several victories against environmental racism—disproportionate dumping of toxic wastes in communities of color. It also fights economic extortion—when polluting companies threaten to move out rather than clean up. Thus, it links labor with environmental issues.

Fundado en 1981, el Proyecto Organizativo del SurOeste es una organización multiracial y multicausa que actúa por la justicia social y económica en el suroeste. Con base en Albuquerque, ha ganado varias victorias contra el racismo de la contaminación ambiental—el desagüe desigual de tóxicos en comunidades de color. También lucha contra el extorsión económico—cuando companías que contaminan amenazan con mudarse en vez de limpiar. De esta manera, vincula questiones laborales con ambientales.

YA BASTA CON LA CONTAMINACIÓN

Más que nunca, la Raza lucha por el derecho de seguridad en sus hogares y sitios de empleo. Estamos afirmando nuestro derecho de aire limpio, comida y tierra sin contaminación, y agua que no envenene a nuestros niños. En conjunto con otros pueblos les estamos diciendo a la empresa, la industria y el militar: No, ustedes no pueden arrojar desagüe químico en ningún lugar ni cada vez que quieran.

En Nuevo México hemos visto una larga lucha contra el "Waste Isolation Pilot Plant" (WIPP), donde materiales radioactivos serán transbordados de otros sitios y arrojados. También en N.M., La Colectiva se fundó en 1980 por miembros de Raza Unida y otros para luchar contra el mineo de uranio, por razón del desagüe nuclear y el peligro para los trabajadores. Después de protestas y un litigio, se retiraron las corporaciones involucradas.

•

More than ever before, Raza are standing up for our right to clean air, uncontaminated food and soil, and water that will not poison our children. Along with other people we are telling business, industry and the

Protesta de 1989, Tucsonenses para un Ambiente Limpio/protest, Tucsonians for a Clean Environment

military: No, you cannot dump your toxic waste anywhere or anytime you like. In New Mexico we have seen a long battle against the Waste Isolation Pilot Plant (WIPP), where radioactive materials would be shipped from elsewhere and dumped. Also in N.M., La Colectiva was formed in 1980 by Raza Unida members and others to fight uranium mining, because of the nuclear waste and danger to workers. After protests and a lawsuit, the corporations involved pulled out.

"Prueben que WIPP no es un peligro"   **1990 Protest by Mothers of East L.A.**

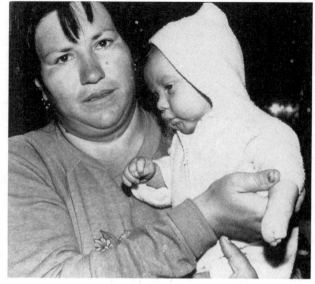

Deformed baby and boy with cancer, both children of farmworkers/bebé deformado y muchacho con cáncer, los dos son hijos de trabajadores agrícolas

La Desgracia de los Pesticidas

The Scourge of Pesticides

En 1985 un reporte de la oficina del Censo estimó que un quinto de los trabajadores agrícolas eran infantes. Muchos infantes están enfermos y muriéndose por la contaminación causada por el roció de pesticidas en los campos. El Valle de San Joaquín de California está lleno de estas "agrupaciones cancerosas" donde los niños trabajadores agrícolas—la mayoría latinos—presentan una tasa anormal de cáncer. En McFarland, trece niños se enfermaron de cáncer. Para llamar la atención sobre estas condiciones, César Chávez del UFW ayunó 35 dias en 1988.

In 1985 a U.S. Census report estimated that one-fifth of the nation's farmworkers are children. Many of them are sick and dying from diseases caused by pesticides sprayed on the fields. California's San Joaquín Valley is full of these "cancer clusters" where farmworker children—mostly Latino—have an abnormal rate of cancer. In one, at McFarland, 13 children got cancer. To call attention to these deadly conditions, César Chávez of the UFW went on a 35-day fast in 1988.

At McFarland, home to a "cancer cluster," when César Chávez ended 1988 fast against pesticides/terminando el ayuno contra las pesticidas

Dolores Huerta, Martin Sheen, and others at rally for end of fast

Justice for farmworkers
¡Viva la causa!

For farmworkers, times are hard. Agribusiness has done everything to roll back the gains made by unions like the UFW. Terrible freezes have meant no work, lost homes, hunger. California workers face automation, new labor contracting systems and an Agricultural Labor Relations Board that often fails to do its job.

But we also see a new readiness to fight back. Victories have been won by Pineros y Campesinos Unidos del Noroeste (PCUN), Oregon's first farmworker union. In 1990 it forced growers to pay the minimum wage and also caused the state anti-picketing law to be overturned.

•

Para los trabajadores agrícolas los tiempos son muy duros. Los comercios agrícolas han hecho todo lo posible por quitar todo lo ganado por los sindicatos, como el UFW. Heladas terribles han significado desempleo, pérdida de casas y hambre. Los trabajadores de California enfrentan automatización, nuevos sistemas de contratos laborales y una Junta de Relaciones Laborales Agrícolas que frecuentemente se niega a hacer su trabajo.

Pero también presenciamos una nueva disposición para luchar. Se han ganado victorias por Pineros y Campesinos Unidos del Noroeste (PCUN), el primer sindicato agrícola de Oregon, fundado en 1986. En 1990 forzó a los cultivadores a que les pagaran el salario mínimo y causó el retiro de la ley antipiqueteo del estado, la cual había estado vigente por 27 años.

209

PCUN members vote at fourth annual convention 1988/votan en la cuarta convención anual. Abajo: marcha en Woodburn, Ore. 1988

TFW organizer
Jesús Moya 1980/
pasando volantes
en los campos

Above/arriba: Antonio Orendaín, long-time líder de los Texas Farm Workers (TFW) 1979. Left/izq.: Out-of-work farmworker at Plainview, Tex. welfare office/trabajador agrícola sin empleo en la oficina del "welfare"

Cebolla/onion worker, Arizona

March 11, 1979 Muleshoe to Austin march, TFW

Luchando in Texas and Arizona

Mexicanos del sindicato de Trabajadores Agrícolas de Texas (TFW) y del Proyecto Texas del UFW han luchado contra la explotación extrema y por los derechos básicos. La indemnización para los trabajadores no se otorgó hasta 1983. La helada de 1983 en el Valle del Río Grande empeoró sus miserias. Los Trabajadores Agrícolas de Arizona (AFW) también lucharon duramente y por largo tiempo para el reconocimiento del sindicato, por más salarios y para organizar a los trabajadores en México para la solidaridad en tiempos de lucha.

Mexicanos in the Texas Farm Workers (TFW) union and the UFW's Texas Project have fought extreme exploitation and lack of basic rights. Even workers compensation did not exist until 1983. The terrible Río Grande Valley freeze of December 1983 made their misery even greater. The Arizona Farm Workers (AFW) have also fought long and hard for union recognition and higher wages, and to organize workers in Mexico for solidarity in times of struggle.

Mitín/rally, Austin, Texas

Orange grove, Salt River Valley, Arizona

Orange grove, Arcadia, Florida 1991

Farmworkers Assoc. of Central Florida (FACF) Apopka, Fl. 1990

FLORIDA • NORTH CAROLINA
NEW JERSEY • PENNSYLVANIA

Prospect Hill, N.C. 1987: Amnesty/80,000 latinos
se han establecido en North Carolina

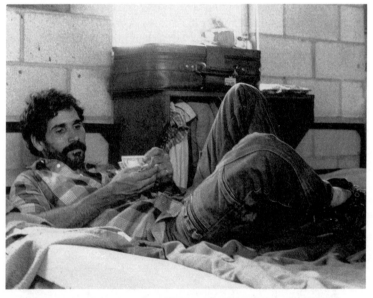

Pennsylvania: Mexican mushroom worker counting his
wages/trabajador mexicano contando su salario

Trabajando en lugares nuevos

Hace diez años, el número de mexicanos en Gainesville, Georgia
era cero; hoy viven 30,000 en esa área y este municipio conser-
vador, mayoritáriamente blanco, cuenta con cinco restaurantes
mexicanos. Tal es el este de los Estados Unidos, donde más y
más latinos cosechan naranjas a precio por pieza o trabajan por
menos del salario mínimo en plantas avícolas, viviendo en condiciones deplorables y sin derechos. En New Jersey, el Comité
de Apoyo a los Trabajadores Agrícolas (CATA) de puertorriqueños, mexicanos y kampucheos han hecho progreso. En el
sur, los latinos se organizan junto con africano americanos y
haitianos contra la explotación y el racismo.

212

In Gainesville, Georgia, the number of mexicanos ten years ago was zero; today 30,000 live in the area and this conservative, mostly white town now has five Mexican restaurants. Nearly 80,000 Mexicans and other Latinos now live in North Carolina. Such is the eastern U.S., where more and more Latinos are picking oranges at piece-work rates or working for less than minimum wage in poultry plants, living in dismal housing and devoid of rights everywhere. In New Jersey, the Comité de Apoyo a los Trabajadores Agrícolas (CATA) of Puerto Ricans, Mexicans and Cambodians has made progress. In the south, Latinos organize alongside African-Americans and Haitians against exploitation and racism.

New Jersey: Festejando una huelga exitosa/celebrating a strike victory by CATA members

Cedar Grove, N.C.: Tobacco worker from Michoacán

Roxboro, N.C.: Boda/wedding Víbora del Mar dance

213

Vicenta Velásquez, co-founder of FLOC. Right/derecha: Fremont, Ohio 1990: FLOC members vote to end share-cropping/votan para cesar con el trabajo amedias

Kokomo, Indiana

Leipsic, Ohio 1979: FLOC march to unionize tomato and cucumber fields/marcha para sindicalizar la cosecha del tomate y el pepino

25 Years of Struggle • 25 años de lucha

La historia del Comité Organizador del Trabajador Agrícola (FLOC) es una de dedicación, sacrificio, y gran liderato—y victorias! Surgió hace 25 años en Toledo, Ohio, hoy existe en varios estados del medio oeste y tiene 5,000 miembros. Dirigido por Baldemar Velásquez, anteriormente trabajador agrícola, el sindicato dirigió un paro en los campos del tomate de Ohio en 1979 el cual se volvió la huelga agrícola más larga en la historia del medio oeste.

Después de 6 años de boicoteo contra las poderosas compañías Campbell Soup y Libby's, FLOC obtuvo contratos con mejores condiciones de trabajo y de salarios. Después lanzó una campaña para parar el trabajo amedias. Por primera vez en la historia, se paró el trabajo amedias en una industria por contrato colectivo.

The story of the Farm Labor Organizing Committee (FLOC) is one of dedication, sacrifice, strong leadership—and victories! Born almost 25 years ago in Toledo, Ohio, it now exists in several Midwest states and has 5,000 members. Headed by former migrant worker Baldemar Velásquez, the union led a walkout from Ohio tomato fields in 1979 that became the largest agricultural strike in Midwest history.

After a 6-year boycott against the powerful Campbell Soup Co. and Libby's, FLOC won contracts with better wages and working conditions. Later it launched a Campaign to End Sharecropping. For the first time in history, sharecropping was stopped by collective bargaining when FLOC members voted to end it at 52 farms in Ohio and Michigan.

Portland, Oregon 1982: Raza protesting INS raids in the Willamette Valley/ protestando las redadas

LA MIGRA EN LOS AÑOS '80

CAUGHT

Familia de Michoacán con niños de 5 meses y 4 años, cogida en San Ysidro

215

Los Angeles May 19, 1984: 5,000 contra la enmienda Simpson-Mazzoli

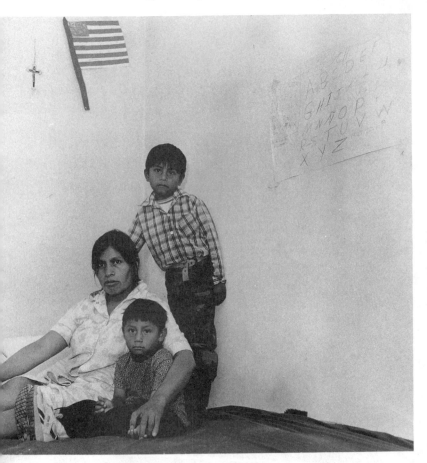

Fresno, Ca. 1988: Oaxaca family seeks a better life . . .

Texas, Cinco de mayo 1986: 10,000 protest law/
protestan Simpson-Rodino

The Immigration and Naturalization Service, La Migra, has been called the Gestapo of Mexicans and with good reason. Massive raids, detentions and deportations, racist pursuit and even murder at the border, sexual abuse, the cruel separation of families, refusal to recognize political refugees from Central America...these practices have gone on for years. The treatment of Raza at the border became worse under Reagan, as the rightwing climate encouraged terrorists and groups like "Light Up the Border" near San Diego. The 1980's also saw a long struggle against the Simpson-Mazzoli law in its various forms, and finally passage of the Immigration Reform and Control Act. IRCA opened the door to intensified racism and bureaucratic traps. The amnesty it offered to certain categories of the undocumented was underfunded. At the same time amnesty has meant that some undocumented workers are less afraid to challenge the system. Further change seems likely. Meanwhile, the border and La Migra continue to sustain an underclass ripe for exploitation, and an anti-immigrant attitude toward those who build great wealth for the nation year after year. 216

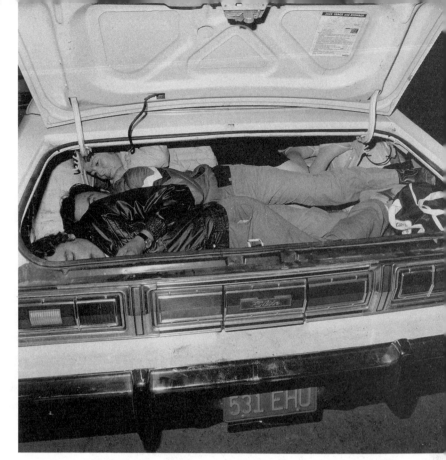

Right, derecha: San Ysidro, undocumented discovered in trunk of car/indocumentados encontrados en la cajuela de coche

Nadie debe vivir así

Al Servicio de Inmigración y Naturalización, la migra, se le a nombrado la Gestapo de los mexicanos por muy buenas razones. Redadas masivas, detenciones y deportaciones, persecuciones racistas y asesinatos en la frontera, abuso sexual, la cruel separación de familias, el rechazo de reconocer refugiados políticos de Centro América...estas prácticas se han dado por años. Se empeoró el trato a la Raza durante la administración de Reagan, cuando el clima derechista permitió a terroristas y grupos como "Alucen la Frontera" cercas de San Diego. Los 80s también presenció una larga lucha contra la ley Simpson-Mazzoli en sus

variadas formas, y finalmente contra IRCA - Reforma de Inmigración y Acto de Control. IRCA intensificó el racismo y las trampas burocráticas. La amnistía que ofreció a ciertas categorías de indocumentados contaba con muy pocos fondos. Al mismo tiempo amnistía a significado que ciertos trabajadores indocumentados tienen menos miedo de confrontar el sistema. Se ve la posibilidad de más cambios. Por mientras, la frontera y la migra continúan en mantener una clase subalterna lista para ser explotada, y una actitud anti-inmigrante hacia aquellos que generan grandes riquezas para la nación.

"Home" to undocumented farm-workers in California, workers called one strawberry ranch with such housing "Rancho de Cuevas" (Caves); the boss said it would help them avoid INS

•

"Hogar" en California para trabajadores indocumentados, a un rancho de fresa con tal vivienda los trabajadores le llamaron "Rancho de Cuevas"; el patrón dijo que les ayudaría a evitarse al INS

San Fernando, Ca. 1986: INS raids factory, 300 workers detained/redada con 300 trabajadores detenidos

Above, Houston 1982: protesting death penalty for Ricardo Aldape Guerra, 19, undocumented worker falsely accused of killing a police officer. Left, Los Angeles 1990: 400 protest INS detention of minors. Three boys who had been imprisoned carry cross. The INS does this to bait undocumented parents into exposing themselves

•

Arriba: protesta contra la sentencia de muerte a Ricardo, un trabajador indocumentado acusado falsamente de asesinar a un policía/Izquierda: 400 protestan la detención de menores por el INS, tres muchachos prisioneros cargan una cruz, El INS hace esto para que los padres indocumentados se descubran

Death at the Border
Como caza humana

Like hunters pursuing animal prey, La Migra has tracked down mexicanos at the border and killed them with guns or INS vehicles. It has chased teenagers and let them drown in canals trying to escape a raid. It has killed Mexicans in the U.S. trying to run back to Mexico. A few examples...

Caléxico, Feb. 13, 1983: Border Patrol Agent Michael Lewis chased and hit Emilio Chávez-Pérez as he tried to leave the U.S. He did not die but on March 7, Lewis hit and killed a 20-year old Mexican. Five years later, Lewis savagely beat Ismael Ramírez Madero of Oaxaca to death in Fresno.

Near San Ysidro, June 12, 1991: José Carlos Martínez, age 20 and undocumented, was killed by a Border Patrol van. Officials said it was an accident but a Mexican photographer who was present said: no, the van had its lights out and ran a stop sign.

•

Como cazadores persiguiendo a sus presas, en la frontera La Migra ha rastreado a mexicanos y los ha matado con pistola o vehículos del INS. Ha correteado a jovenes para dejarlos ahogarse en canales al tratar de escapar una redada. Han asesinado a mexicanos en los Estados Unidos que intentaban huir de regreso a México. Unos pocos ejemplos...

El patrullero fronterizo Michael Lewis correteó y atropelló a Emilio Chávez Pérez cuando intentó irse de los Estados Unidos. No murió, pero el 7 de marzo Lewis atropelló y mató a un mexicano de 20 años. Cinco años después, Lewis salvajamente golpeó a muerte a Ismael Ramírez Madero de Oaxaca en Fresno.

Cerca de San Ysidro: José Carlos Martínez, edad 20 años e indocumentado es asesinado por **una camioneta** panel de la patrulla fronteriza. Los oficiales dijeron que fue un accidente pero un fotógrafo mexicano quien estuvo presente dijo: no, la camioneta no tenía sus luces prendidas y se pasó un alto.

Below/abajo: Emilio Chávez-Pérez, víctima del INS

Below/abajo: José Carlos Martínez, víctima del INS

Los Angeles 1990: graduation, amnesty applicants

Una clase en inglés at One Stop/English class

Carlsbad, Ca. 1988: farmworkers' English class/en el campo

INDOCUMENTADOS AND AMNESTY

Many groups and individuals have defended the undocumented and organized them to fight back, like La Hermandad Mexicana Nacional and its noted leader Bert Corona (see photo). Some also offer educational services to people who applied for amnesty under IRCA. At One Stop Immigration and Educational Center in California and Washington state, 75,000 applicants have taken classes from 600 teachers as of 1991. This process could give latinos a much stronger political voice in the U.S.

•

Muchos grupos e indivíduos han defendido al indocumentado y los han organizado para defenderse, como La Hermandad Mexicana Nacional y su reconocido líder Bert Coróna (véa foto). Algunos también han ofrecido servicios educacionales a personas que han solicitado amnistía bajo IRCA. En One Stop Immigration and Educational Center en los estados de California y Washington, para 1991 75,000 solicitantes han tomado clases de 600 maestros. Este proceso les puede dar más fuerza política a los latinos en los Estados Unidos.

220

Ceremonia de graduación en One Stop

Los Angeles 1988: Superbarrio of Mexico City at City Hall to protest an ordinance against day laborers/protestando una nueva ley contra jornaleros

Los Angeles: 16 de septiembre 1981, Mexican Independence Day

Chicano, mexicano luchando mano a mano

In the spirit of: No hay Fronteras—there are no borders

Chicanos and mexicanos from many organizations continue to meet across the so-called border, to share and struggle collectively against the divisive manipulations of the U.S. government. Dialogue and exchange on issues of labor and immigration, women's rights, the "Free Trade Agreement," environmental degradation, and the arts help to promote understanding and mutual support.

•

Chicanos y mexicanos de varios grupos siguen reuniéndose a través de la llamada frontera para luchar colectivamente contra las maniobras divisivas del gobierno de los E.U. Diálogos e intercambios sobre temas como empleo, inmigración, derechos de la mujer, el Tratado de Libre Comercio, la degradación del ambiente, y los artes fomentan el entendimiento y cooperación mutua.

Artistic cooperation at work: first Chicano-mexicano movie co-production, director Jesús Treviño doing scene from *Raices de Sangre*, 1977/primera producción de una película chicana-mexicana

San José, Ca. Mothers Day 1989: parents support higher salaries for teachers

San Francisco, Ca. April 1989

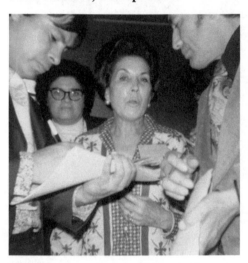

México 1975: Carmen Zapata, Texas educator and activist, at the Tribuna del Año Internacional de la Mujer

Raza Unida Party group at International Women's Year conference

WOMEN WHO KNOW HOW TO STRUGGLE

Many new organizations of Chicanas and other Latinas exist today. They may be community groups like Mujeres Latinas en Acción in Chicago, which works on such issues as substance abuse, domestic violence, homelessness and developing Latina leadership. Or professional groups like Mujeres Activas en Letras y Cambio Social (MALCS). They range from the new Latina lesbian collectives to the 20-year old national organization Las Hermanas, consisting of Catholic Latinas, both lay and religious. Some are feminist, others not. Each in its way seeks to raise up our communities and our dignity as women.

Hoy existen varias nuevas organizaciones de chicanas y otras latinas. Pueden ser grupos de la comunidad como Mujeres Latinas en Acción de Chicago, la cual trabaja en causas como el abuso de substancias, violencia doméstica, desposeídos y en desarrollar liderato latina. O grupos profesionales como Mujeres Activas en Letras y Cambio Social. Se extiende de las nuevas colectivas lesbianas a la organización nacional de 20 años Las Hermanas, que consiste de latinas católicas seculares y religiosas. Algunas son de femenistas, otras no. Cada una a su manera busca levantar nuestras comunidades y dignidad de mujeres.

222

Coachella, Ca.: Mujeres Mexicanas, cena celebrando la instalación de oficiales/dinner for newly elected officers

San Francisco 1979: Lesbianas Latinas demonstrate/ contra Somoza en Nicaragua

*En el frente de revolución
del pueblo méxico americano,
existen mujeres
lindas y valientes
existen mujeres
que saben luchar*

Antonio Barragán

Los Angeles 1990: Mothers of East L.A. marching against building of prison in the community/contra la construcción de una prisión en la vecindad

Denver 1987: Las Hermanas

Denver 1987: Las Hermanas

Los Angeles 1993: Artist in front of tags

Albuquerque, N.M. 1991

LA CULTURA POPULAR VIVE

Baptisms, weddings, piñatas on birthdays, music, dance, caló and other grafitti... such is our culture that survives all melting pots/la cultura de los mexicanos y chicanos que sobrevive todas las "melting pots" se compone de bautismos, matrimonios, piñatas en cumpleaños, música, danza, y cubiertas de caló . . .

Below/abajo: Cedar Grove, N.C. 1987   Healdsburg, Ca. 1988   San Fran.: Yolanda Garfias Woo

Nuevo México: Cleofes Vigil   Los Angeles, Ca. 1990

224

BOOM IN THE ARTS

Chicano art pours into the consciousness
of the nation: Bamba, Bamba!
Movies, books, theater, music, rap . . .
Major art exhibits tour the nation, like
"Hispanic Art in the U.S.: 30 Contempo-
rary Painters and Sculptors" in 1987
and "Chicano Art: Resistance and
Affirmation" 1965-85 (CARA), 1990.
Our own institutions thrive, like
the Guadalupe Arts Center, San Antonio.
Art political and private,
Art ironic and passionate.
And women artists! Watcha, bro.
Too many names to list
but all saying one way or the other:
our art arises from our experience,
which is continental.
These pages merely suggest what goes on.

•

El arte chicano florece de los barrios
Se a desparramado dentro de la conciencia
de la nación: ¡Bamba, Bamba!
Películas y libros, teatro y música y rap.
Exhibiciones principales de arte giran en la
nación como "Arte Hispánico en los
Estados Unidos: 30 Pintores y Escultores"
en 1987 o como
"Arte Chicano: Resistencia y
Afirmación" 1965-85 (CARA) en 1990
Surgen nuestras propias instituciones,
como El Centro de Artes Guadalupano,
San Antonio.
Arte político y privado,
arte irónica y apasionante
¡Y mujeres artistas! Watcha, bro.
Por dondequiera demasiados nombres
pero todos diciendo, de una manera u otra:
Nuestra arte se levanta de nuestra
experiencia que es continental.
Estas páginas ofrecen algunos ejemplos.

Sandra Cisneros

Malaquías Montoya

Galería de La Raza, San Francisco

Los Lobos

Luis Valdez

**Below/abajo: artists sing at
CARA closing/artistas cantan
en el cierre de CARA 1990**

225

"Tamalada" by Carmen Lomas Garza 1987 San Francisco

Imágenes
de hoy

"Southwest Pieta" by Luis Jiménez
1983 El Paso

"The Family Car" by Gilbert "Magú" Sánchez Luján 1985
Los Angeles

"Nun Comfort" by Harry
Gamboa, Jr. 1984
Los Angeles photograph

"Border Brujo" by Guillermo Gómez-Peña
and the Border Arts Workshop, 1989 San
Diego art performance installation

Raza Artists
At Work Today

"El Día de La Raza, or The Christobal Enterprise" by
Rupert García 1989 San Francisco

"Portrait of the Artist as the Virgin of
Guadalupe" by Yolanda M. López 1978

Fireplace for private home, designed and construct-
ed by Anita Rodríguez 1981 Ranchos de Taos, N.M.

"Striker" from 1930s section of Great
Wall of Los Angeles by Judith Baca 1980

"Geronimo" mural on Centro facade, by Victor Ochoa 1980

El cantante Lalo Guerrero al Centro 1991

Gene Perry percussion workshop
al Centro 1991

At the Centro, section of "La Dualidad,"
first permanent Chicano mural in San
Diego/sección del primer mural Chicano
permanente de San Diego/by Guillermo
Aranda and team 1971-83

228

Border Arts Workshop Summer 1990

Las Comadres, "La Vecindad/Border Boda"/The Neighborhood/Border Wedding 1990

Chicano Park May 1987

we continue breaking borders and fears

from "Ode to San Diego" by Alurista

MAGIC AT THE BORDER

San Diego has a vibrant artistic tradition rooted in a bilingual culture whose existence mocks the so-called border. Chicano-mexicano creativity exploded in the late 60s, sparked by movimiento consciousness and struggle. In 1970, we saw the victorious 12-day occupation of Chicano Park in Barrio Logan and muralists turning the ugly pillars of a freeway bridge into things of beauty. The next year the Centro Cultural de la Raza was born in Balboa Park and continues growing.

Today we see new groups like Las Comadres, a multinational women's collective which combines theatrical performance, painting, photography, and news articles to depict the many borders in life. The Border Arts Workshop/Taller de Arte Fronterizo, formed in 1984 by San Diego-Tijuana artists and writers, takes on themes of racism and injustice in provocative exhibits.

EL ARTE DE SAN DIEGO

San Diego tiene una vibrante tradición artística arraigada en una cultura bilingüe cuya existencia frustra la tal llamada frontera. La creatividad chicana-mexicana explotó a fines de los 60s, impulsada por el movimiento de conciencia y lucha. En 1970, vimos la victoriosa ocupación de 12 días del Parque Chicano en Barrio Logan donde muralistas hicieron cosa bella de los horribles pilares del puente de una carretera. El siguiente año el Centro Cultural de la Raza se fundó en el Parque Balboa, y continúa creciendo.

Hoy vemos nuevos grupos como Las Comadres, una colectividad de mujeres multinacional que combina teatro, pintura, fotografía, y periódicos en presentar las muchas fronteras en la vida. El Taller de Arte Fronterizo/Border Arts Workshop, fundado en 1984 por artistas y escritores de San Diego-Tijuana, también incluye temas de racismo e injusticia en exposiciones provocativas.

"Six Characters in Search of an Author"/Pirandello, La Compañía de Teatro de Alburquerque 1989

"Los Siete"/Richard Talavera, San Francisco 1988 about a famous struggle of the 60s

"La Guadalupe que camina"/Beva Sánchez, San Antonio 1990

El mundo mágico del teatro

La gran fuerza de los grupos teatrales chicanos que emergieron del movimiento fue que sus obras reflejaron de nuestra perspectiva y de una manera culturalmente positiva la experiencia chicana/latina. Hoy dos de esos grupos aun existen y se han vuelto compañías profesionales: el Teatro Campesino en San Juan Bautista, California y el Teatro de La Esperanza de San Francisco. Nuevos grupos han surgido, y nuevos guionistas, nuevos directores, y nuevos actores.

La idea de teatro como instrumento educacional aún sigue viva, como vemos en el Teatro Nuestro. Este grupo de 6 años, nacido en el noroeste, representa obras con gran humor y música alegre a los trabajadores indocumentados y migratorios que les cuenta sobre sus derechos. Otro ejemplo: los videos de Socorro Valdés sobre problemas familiares, como el alcoholismo. También tenemos grupos que ejecutan obras de teatro clásico, como La Compañía, fundada en 1979 e internacionalmente aclamada. Guionistas chicanas han levantado temas de sexismo en obras poderosas. Y no hay desarrollo más sobresaliente que los grupos cómicos chicanos como Culture Clash.

Left/izq.: Socorro Valdés directing scene for/dirigiendo escena para un/video San Juan Bautista, Ca. 1990. Below/abajo: performers/artistas from Teatro Esperanza production of "Real Women Have Curves," San Francisco 1990

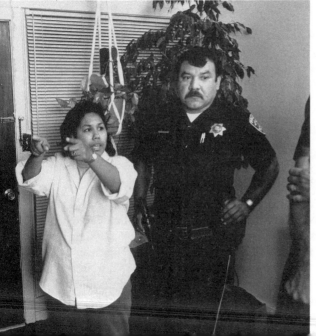

"Shadow of a Man"/Cherríe Moraga: San Francisco 1990

Culture Clash: Los Angeles

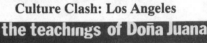

The Wondrous World of Teatro

The great strength of the Chicano theater groups that emerged from the movimiento was that their work reflected the Chicano/Latino experience from our perspective and in a culturally positive way. Today two of those groups still exist and have become professional companies: Teatro Campesino in San Juan Bautista, California, and Teatro de La Esperanza of San Francisco. New groups have emerged, and also new playwrights, new directors, new performers.

The idea of teatro as an educational tool is still very much alive, as we can see in Teatro Nuestro. This 6-year old group, born in the Northwest, performs plays or skits that tell the undocumented and migrant workers about their rights with great humor and lively music. Another example: Socorro Valdés's videos about family problems like alcoholism. We also have groups that perform classical theater works, like La Compañía, founded in 1979 and internationally acclaimed. Chicana playwrights have raised issues of sexism in powerful works. And no development is more striking than the Chicano comedy groups (see photo of Culture Clash with, left to right, Richard Montoya, Ric Salinas, Herbert Sigüenza). Together, all these developments suggest the motto of Teatro Aguacero of Albuquerque, founded by Nita Luna: "One drop by itself is just a little, but with another becomes a downpour."

"una gota con ser poca con otra se hace aguacero."

ALBUQUERQUE N.M.

Left/izq.: Su Teatro, Denver
Below/abajo: Teatro Nuestro
"La Boda" Salinas, Ca. 1991

Teatro Aguacero poster 1983

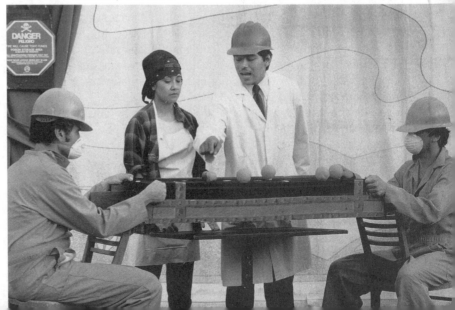

El 25 de agosto de 1990 en Los Angeles miles de personas recorrieron la misma ruta al mismo parque como hace 20 años para marcar el aniversario de un día inolvidable. En 1970, habíamos marchado contra la guerra en Vietnam y tres Chicanos habían sido asesinados por cientos de policías antimotines. Entonces esa guerra había cesado pero apareció otra—esta vez contra Iraq. Aún sin esa crisis Estados Unidos había comenzado guerras por todo América. En casa, la Raza enfrentaba muerte en la frontera o en el trabajo, y muertes más lentas por razones de hambre y pobreza.

Y así es que la militancia corrió por Whittier Blvd. como antes, pero no era un simple Día de Nostalgia de los veteranos. Muchos jovenes también marcharon, especialmente mujeres jovenes. Querían conocer nuestra historia—lo que el National Chicano Moratorium Committee fomenta—y después hacer historia ellos mismos.

232

August 29, 1990
20th Anniversary

NATIONAL CHICANO MORATORIUM

On August 25, 1990 in Los Angeles thousands of people marched the same route to the same park as 20 years ago, to mark the anniversary of an unforgettable day. We had marched in 1970 against the war in Vietnam, and three Chicanos had been killed when hundreds of police rioted. Now that war was over but another loomed—this time against Iraq. Even without that crisis, the U.S. had been starting war all over the Americas. At home Raza faced

death at the border or on the job, and slower kinds of death from hunger and poverty. And so militancy flowed down Whittier Boulevard as before, but it wasn't just a Day of Nostalgia for the old folks. Many youth also marched, especially young women. They wanted to learn our history—which the National Chicano Moratorium Committee encourages with its activities—and then make some history themselves.

Passing the Silver Dollar café, where police killed journalist Rubén Salazar (portrait) in 1970/donde mataron a Salazar hace 20 años

San José, California

Seattle

Milwaukee

Albuquerque

San Francisco

NO BLOOD FOR OIL! ¡NO A LA GUERRA !

Before and during President Bush's war in the Persian Gulf many people—including Raza—had doubts about it or were opposed. We had learned some lessons about wars started in the name of democracy that turned out to benefit only the rich and powerful. Raza mobilized to protest this war of mass murder even faster than the U.S. war in Vietnam, though we could not stop it.

Antes y durante la guerra de Bush en el Golfo Pérsico muchas personas—incluyendo Raza—tenían dudas serias o estaban en contra. Habíamos aprendido algunas lecciones sobre guerras comenzadas en nombre de la democracia que resultaron beneficiando solo a los ricos y poderosos. La Raza se mobilizó en oposición de esta guerra mucho más rápido que contra la de Vietnam.

Corpus Christi, Tex. April 1991: Indians and Chicanos protest plans to erect Quincentennial statue of Columbus/indígenas y chicanos contra una estatua de Colón

Quito July 1990: During the "First Continental Meeting of Indigenous Peoples—500 Years of Indian Resistance"/durante el "Primer Encuentro Continental de Pueblos Indígenas"

Time to Discover Ourselves

Quito July 1990: Indigenous women from Péru (Quechua), Oklahoma (Seminole), California (Chicana) and Mexico (Zapotec)

Tiempo de nuestro redescubrimiento

The year 1492 is officially called "the discovery of America." But as author Eduardo Galeano has noted, 1492 really marked the *invention* of America. Taking the continent by force, turning its inhabitants into conquered "Indians," and organizing society by the law of profit: that became Western Europe's great goal. That was the America it invented, at unspeakable human cost, to meet the needs of expanding commerce.

But indigenous people kept alive a different America, one that values community and affirms the identity between humans and nature. For 1992, the 500th anniversary, Indians and Chicanos have worked together to reject the invention and reaffirm the vision. In July 1990 the first "Encuentro" took place in Quito, Ecuador. May such coming together bear fruit long after the Quincentennial for all peoples of the planet.

El año 1492 oficialmente se ha definido como "el descubrimiento de América". Pero como el escritor Eduardo Galeano ha señalado, 1492 en realidad marca *la invención* de América. Tomar el continente a fuerza bruta, convertir a los habitantes en "indios" conquistados, y organizar la sociedad bajo la suprema ley de ganancia económica: estas fueron las metas de la Europa Occidental. De esta manera se reinventó América, a costos humanos incontables, para poder lograr los objetivos de un comercio expansible.

Pero la población indígena mantuvo viva a una América diferente, una que reconoce el valor comunitario y afirma las relaciones entre la humanidad y la naturaleza. Para 1992, indios y chicanos han trabajado en conjunto para desenmascarar la invención y reafirmar la visión. Esperamos que semejantes encuentros tengan éxito, aún después del Quincentenario, para toda la gente del planeta.

235

*Platica con los días del pasado
que llegaron enrabiados
atravesando grito tras grito
huelga tras huelga
un ejército de voces, manos y pies
un río de caras morenas, miradas que
no piden perdón.*

*El ahora de hoy es menos dócil
porque lo has hecho tu,
joven pueblo chicano.
Enséñalo a luchar.
Es que tu, y todo el oprimido
tendrán que abrirle paso
a un mañana libre.*

•

*Speak the days past
speak the days of rage
shout after shout,
strike after strike.
An army of hands
of voices, feet,
a river of dark faces,
of my people's staunch look.*

*Our own time of today
is less calm because of you,
my young Chicano people.
You bring our struggle forward
and now you,
with all the wretched of the earth,
you must break the way open
to a free tomorrow.*

Lucila Ríos

PHOTO CREDITS

Key: ul (upper left); uc (upper center); ur (upper right); ml (middle left); mc (middle center); mr (middle right); 1st R ml (first row middle left); 1st R mc (1st row middle center); 1st R mr (1st row middle right); 2nd R ml (2nd row middle left); 2nd R mc (2nd row middle center); 2nd R mr (2nd row middle right); ll (lower left); lc (lower center); lr (lower right).

When photo credit is not listed, source is unknown.

Aguilar, Daniel: 205-uc
Aguilar-Navarro, Lucía: 177-mr
Ahora: 127-ul; 143-ll; 144-ur, ml; 145; 151-ur; 173-ll, lr
Albuq. Journal/Alexander, Jeff: 191-ur
Albuquerque Journal/Sorber, Greg: 201-mr
Alemán, Victor: 189-ll; 208-ul, ur, mc; 217-mr/inset
Allen, Elmer: 158-ul, ml; 163-l; 165-ll, lr
Al Frente de Lucha: 188-lc
Alps, Bernardo: 186-ll
Archives of Labor History and Urban Affairs, Wayne State University: 92-l; 93
Arizona Historical Soc. Lib.: 39-m, l; 40-l; 48-l; 49-l; 74u
Arreguín, Alfredo, courtesy of: 225-ll
Baca, Don Luis: 30-ur
Ballis, George: 84-ul; 142-mr; 149; 150-ul, lc; l53-lr; 157; 158-m
Bancroft Library, University of California, Berkeley: 21-ur, lr; 33-1; 36-ur; 40-u; 44-u; 98; 99-mr, ml, ll
Barrett, Chuck: 214-ul
Bauguess, John/Pineros y Campesinos Unidos del Noroeste (PCUN): 209-lr
Blankfort, Jeffrey: 140-m
Brown, Richard J.: 190-ll
Cade, Cathy: 223-ur. © copyright 1979 Cathy Cade
Calderón, José, courtesy of: 238
California Historical Society: 39-u
Capri Photos: 111-l
Carey, Ray: 122-u
Casasola Archives: 52-l; 54-mr; 55-ll, mr; 56-u; 57; 58; 59; 60-ul; 61; 62; 63; 64; 65; 66-l; 68-u; 69-lr; 70-ur; 71-u
Castillo, Oscar: 126-ul; 136-ll
Centro Adelante Campesino: 211-ul
Centro de Acción Social Autónomo (CASA): 172-ml, ul, ll, lr; 173-ul
Centro de la Raza: 192-ur; 193-ur, ml; 1st R ml, mr; 2nd R ml, mr, lr
Cervantes-Gautschi, Peter: 197-ll
Chaff, Ron or USWA: 180-lc; 181-uc, m, ll
Chávez Defense Fund: 147-ml
Chávez, Patricio: 178-ul, ml; 228-ml; 229-ul
Chicano Awareness Center: 196-ur
Chicano Communications Center: 112-ul; 134-ul; 138-ul, ll; 164-mr, lr (2 photos); 165-u; 166-ur; 170-mr
Chicano Student Movement: 126-mr, ur; 164-ur
Chicano Studies Center-UCLA: 189-lr

Clark, Nancy: 177-ul
Comité de Apoyo a los Trabajadores Agrícolas (CATA): 212-mr; 213-ml
Committee on Chicano Rights, Inc. (CCR): 175-ur, mr
Contreras, Ruth: 206-lr
Crawford, Grey: (see Wight Gallery)
Crews, Mildred: 224-lc
Cuéllar, Rodolfo: 197-mr
Cuevas, Tony: 176-ur; 234-ur
Daily Bruin/Goldbloom, Gwen: 200-mc
De las Casas, Bartolomé: ii-ur (1598 work)
Denver Public Library: 21-ul, m; 26-ur; 30-ul; 32-ml; 37-m; 46-u; 48-m; 68-lr; 72-l; 94-ml, ll, lr; 95; 96-l; 97; 115-ll; 127-ml; 129; 133-ll; 169-ll
Dietze, Wolfgang: 226-ul
Draper, Elizabeth Bobsy: 235-mr
Duncan, Cam: 135-l; **Susan**: 133-u
Economy Furniture Strike Supp.: 169-ul
El Clarín/The Call: 173-ur
El Gallo: 144-mr; 160-ml
El Grito del Norte: 20-lc (Enrique Brimmer); 38-mr, lr (Tessa Martínez); 114-ul; 122-ml; 123-ul, ml, ll (Jane Lougee); 123-ur, lr; 124-ml; 125-ur (T. Martínez); 125-ml (Betita Martínez); 125-lc (Lougee); 126-ml; 130-lr (T. Martínez); 131-lr (Rees Lloyd); 133-lr; 134-ur; 134-ll (T. Martínez); 135-mr; 136-ur; 137-u; 139-l; 142-ll; 143-ul, ur, ml; 143-mr (John Nichols); 144-ll; 158-ur; 161-ul; 166-lr (Lougee); 169-lr (T. Martínez)
Ellison, Kurt: 182-ul, ml; 183-ul, ur
Epstein, Howie/LNS: 78-u
Express News Corporation/Doug Sehres: 230-ml
Farm Labor Organizing Committee (FLOC): 151-ml, l
Farmworkers Assoc. of Central Florida, courtesy of: 212-ur
Fatherree, M. Lee/courtesy of the artist and Don Saxon Gallery: 227-ur
Ferrel, Cipriano/PCUN: 215-ul
Ferris, Joan: 231-ll
Fitch, Bob: 150-ur; 152-ul, ur; 153-u, ll; 154; 155-lr; 156; 159
Flores, Cecilia/Las Hermanas: 223-ll, lr
Foiles, Stacy: 167-ll
Gabaldón, Rosa: 236-lr
Galería de la Raza, courtesy of: 224-cr; 225-2nd R
Galvez, José: Dedic.; 179-lc; 233-lr
Gandert, Miguel: 199-ml, mr; 205-ul, ur
García, Arnoldo: 228-ul, ur, mr, ll
García, Francisco: 189-ul
Garza, Jesús: 230-ll
Gauna, Loyola, courtesy of: 236-3rd R l
Geissler, R.R.: 176-ll
Geller, Marc: 197-ur
Gillette, Bill: 209-ul
Gittings, Kirk/Syntax: 204-ur
Goldman, Shifra: 226-ml, mr, lc, lr; 227-mr
Gómez, Octavio: 147-lr; 188-ul, ml; 191-ul, lr; 218-uc; 220-lr

Gonzáles, Jesse: 196-mc
González, José G.: 139-ml
Green, Liza: 167-lr
Gutiérrez, José Angel: 222-mr
Hall Museum: 42-l
Hannula, Tarmo: 183-lr
Head, Louis: 202-ur
Henry E. Huntington Library & Art Gallery: 41-l; 113
Higa, Ben: Contents/Indice page; 224-ur © copyright 1993 Ben Higa
Holguín, Rocky: 203-ul
Ideal: 141-mr
Kaadt, C.G.: 74-ll
Kanda, Kathy: 202-ul; 238
Keeley, Dennis: 225-3rd R l
Keil, Roger: 184-lr
Kelly, Rick/*El Paso Herald Post*: 187-ur
Kernberger, Karl: 19-ll; 128-mr
Kersey, Jon: 182-ll
Khanlian, Richard: 205-mr
La Gente de Aztlán: 136-ml; 147-u, ll; 200-ul, ll, lr; 201-ml; 229-ml
La Gente de Aztlán/López, Ron II: 201-lr
La Guardia: 132-mr; 164-mc
La Mujer Obrera: 187-ul, mr, lr
La Raza: 132-ur; 142-lr; 160-ll; 161-lr; 166-mr; 167-l
La Raza Nueva: 107-u, l; 160-ll
Las Comadres: 229-ur
La Voz del Pueblo: 136-lc
Law, Lisa: 206-ml; © copyright 1990 Lisa Law
Ledezma, Silvia: 225-3rd R r
LeFebre, Francisco: 35-ur
Leue, Holger: 182-lr
Liberation News Service: 141-ur; 173-mr
Library of Congress: 28-lr; 33-ur; 34; 68-ll; 75; 77; 79; 80; 81; 82; 83; 84-ul, ll, lr; 85; 86; 87; 88; 89; 90; 99-u; 102-u, m; 103-ll; 104-ul, ll; 105-ll, lr; 114-ml, mr, ll; 115-u; 116; 117; 118; 119; 120-ul, ll; 126-lr
Light, Ken: 211-ll; 215-lr; 216-ml; 217-ur; 224-mc; 236-2nd R l; © copyright 1982, '86, '88 Ken Light
Limón, Leo: 148-ul (mural artist)
Los Angeles Times: 131-ll; 161-ur
Lovejoy, Bill / *Santa Cruz Sentinel*: 184-uc
Luján, David: 235-ul
Manolo: 101
Marcoullier, Ray: 188-ur
Mares, Walter: 180-ur
Martínez, David: 176-ul
Martínez, Jesús: 192-ll
Martínez, Sofía: 176-ml; 199-lr
Mastrogiovanni, Ana María: 230-ul
Maung, David: 230-lr
McGraw, Bill: 69-ul
McNew, Roger: 206-mr
Meisels, Penina: 231-ur
Mendoza, Elda: 158-lr
Mendoza, Virginia: 196-ul
Menéndez, Oscar: v-lr; 221-ur, mr
Miller, Robert T. II: 236-ur
Minnesota Daily/Phil Hernández: 127-ur
Móntez, Benny: 108-lr; 109-u, ml, mr

237

PHOTO CREDITS (cont'd)

Montoya, Malaquías: 18; 32-u
Moorehouse, Lee/Univ. of Oregon: 115-m
Mujeres Mexicanas: 223-ul
Murphy's Diggings Museum, courtesy of the International Association of the Descendants of Joaquín Murrieta: 43-ul
Museo Nacional de Antropología, México: 10; 11
Museum of N. M. : 17-11; 20-u; 38-u; 41-u; 46-lr; 49-m; 114-lr
National Archives: 46-ll; 96-m
Navarro, José: 206-ur
Negrete, Dr. Jesús, courtesy of: 196-lr
Nelson, Martha: 212-ll; 213-ur, lc; 224-ll; 236-ll
N.M. State Records and Archives: 32-ll
Noe, John S. & Hurd E.: 37-u
Olga Talamante Defense Comm.: 148-ml
Ortiz, Gilberto: 174
Padilla , Rudy: 197-ul
Pardo, Mary: 207-lr
P.C.U.N.: 208-ll; 209-mr
Penn, Michael: 231-lr
People's World: 168; 169-ur, mr; 170-ul, uc; 171
Pérez, Christina, courtesy of: 222-ul
Pinal, Catherine: 232-ul; 224-lr
Pogue, Alan: 190-mr; 210-ul, ml, mr, ll; 211-ur, lr, 214-ml; 217-lr; 220-ml; 225-ul
Raddatz, Katy: 231-ul
Radio Bilingüe: 202-1st R mr
Reed, Paula: 202-2nd R mr, lr
Rivera, Gilberto/CAMILA: 191-ll; 216-mr
Roibal, Roberto: 177-ur; 178-ll; 202-ll; 206-ul; 234-ll; bck. cov.-ur
Roland, Gilbert: 209-ul
Ross, Diane: 224-ml
Rothenberg, Daniel: 212-ul
Ruiz, Raúl: 127-lr; 138-mr; 160-u; 161-ml, ll; 162-l; 163-ur
Salas, Simón G.: 200-ur
Salkowitz-Montoya, Lezlie: 225-ur
San Antonio Light: 127-ll
Sánchez, Antonio: 192-mr, 203-lr

Sánchez-Padilla, Beverly: 225-lr
Sandoval, Ron: 203-ur
Santelices, Alicia: 189-ur
Schuerholz, Dana: 234-ul
Shaffer, Jono: 186-ur
Shames, Stephen: 146-u
Simon, Morty: 170-ml
Sin Fronteras: 136-lr; 148-ll, ur; 170-l; 172-ur; 173-ml
Skytta, Rose: 148-lr
Smithers Collection Humanities Research Center, University of Texas-Austin: 50-l; 72-ur, ul; 76
Social and Public Art Resource Center: 227-lr
Solís, Rubén: 185-ul, mr, ll; 197-ml
SouthWest Organizing Project: 207-ll
Spiller, Mike: 141-ml
Stair, Mary: 143-uc
Stepping Wolf, Frank: 36-lr
Stergar, Al: 194-ul, ur, mr, ll; 195-ur, ml, lr; 234-mr
Stuart, Alejandro: 164-ll
Talavera, Richard: 230-ur
Taller de Estudios Comunitarios de Chicago: 189-mr; 192-lr; 196-ll
Taller de Gráfica Popular: 15-u; 19-u; 22-ll, lr; 29-ul; 38-ll; 45-l; 91-u; 92-ul
Taub, Mara: 178-lr
Taylor, R.E.: 42-mr
Teatro Aguacero, courtesy of: 231-mr
Teatro Campesino: 139-ul
Téllez, Vladimir: 217-ul; 219-ur, lr
Templeton, Rini: 16-ur; 17-ul; 35-l; 135-ul; 164-ul; 181-lr
Texeira, Steve: 236-2nd R r
Tierra y Libertad: 127-mr; 135-ml
Tonantzin Land Institute: 203-mr; 204-mr; 235-ur
Trachtman, Paul: 204-ul
Tribuno del Pueblo: 198-ul, lr; 216-uc; 218-ml, lr; 219-mr; 221-ul
Tribuno del Pueblo/Perry S.: 198-ml, mr; 22-ur; 222-ur

Truckers for Justice: 170-ur
Trujillo, Larry: 234-lr
United Mine Workers: 94-u
Unity: 185-ur (Nic Paget-Clarke. © copyright 1992 Nic Paget-Clarke); 188-mr (John Martyn); 198-ll, 214-mr
Univ. of N.M.: 114-ur; 115-lr; 120-ur, lr
Univ. of Tex. Arlington, Div. of Archives & MS: 85; 100; 152-l. With "What Price Wetbacks:" by Idar and McLellan, American GI Forum of Tex. and Tex. State Federation of Labor: 110; 111
Univ. of Texas Press: 45-ur
U.S. Dept. of Agriculture: 78-ll
U.S. Office of War Information: 106-ml
Varela, Dolores: 166-ll
Varela, María: 121; 124-lr; 128-ul, lr, ll, ur; 127-mr; 130-u, m, ll; 134-lr; 138-ur; 140-lr, ll, ur, ul; 141-ul; 142-ul, ml; 160-mr
Valdez, Susana: 207-ul
Vargas, Adolfo: 221-lr
Varni, Diane: 183-m
Vásquez, Enriqueta: 204-lr
Velarde, Tommy: 141-ur
Viegand, Gary: 214-ur
Villa, Mario: 186-mr; 220-ul, ur, mr
Wallen, Ruth : 207-ur
Waymire, Carol: 190-ul
Weber, Devra: ttl. pg.; 131-ul; 179 uc; 186-lr; 190-ml; 201-ur; 223-mr; 232-ml, ur, mr, lr; 233-ul, ur
Wershaver, Ed: 184-ll
Western History Collections, U. of Okla. Library: 25-uc, mr; 26-l; 27-ul, uc, ur; 30-uc; 45-ul; 47-u, m; 48-u; 49-u; 50-u; 53
Wide World Photos: 35-ul; 107-m; 109-l; 137-l; 142-ur; 155-ll, u; 162-u
Wight Gallery Staff: 227-ml
Wilhelm, Henry: 124-u
Wilson, Rita: 23-ul
Ya Mero: 132-ll; 166-ul
Youth Development Incorporated: 199-ul, ur; 224-ul
Zapata, Tony: 222-ml

Rodarte Community Center, Greeley, Colorado 1979